世界特种部队图鉴

[日] 坂本明 著　　陈广琪 译

SOF
The SPECIAL OPERATIONS FORCES
of the world

机械工业出版社
CHINA MACHINE PRESS

特种部队具有战斗力强、训练有素、装备精良等特点。自诞生以来频频出现在世界舞台，特别是在恐怖袭击、局部冲突仍然时有发生的当今世界，特种部队的作用无疑更加突出。本书作者从通用武器、单兵装备、部队装备、常用战术等方面详细解析了美国、英国、法国、德国、俄罗斯、以色列等国特种部队及日本自卫队特殊作战群的方方面面，并通过超过400幅精心绘制和挑选的解析图及实景照片，让读者能直观了解特种部队的装备、职业技能以及执行任务的战术等。本书内容严谨翔实，图片精美丰富，适合广大军事爱好者阅读和收藏，也适合作为青少年学生的课外科普读物。

Saikyou Sekai no Tokusyubutai Zukan
© Gakken
First published in Japan 2014 by Gakken Plus Co., Ltd., Tokyo
Simplified Chinese translation rights arranged with Gakken Plus Co., Ltd. through Future View Technology Ltd.

北京市版权局著作权合同登记　图字：01-2020-4860号。

图书在版编目（CIP）数据

世界特种部队图鉴 /（日）坂本明著；陈广琪译. —北京：机械工业出版社，2021.11（2024.10重印）
ISBN 978-7-111-69170-9

Ⅰ. ①世… Ⅱ. ①坂… ②陈… Ⅲ. ①特种部队—世界—图解 Ⅳ. ①E156-64

中国版本图书馆CIP数据核字（2021）第198391号

机械工业出版社（北京市百万庄大街22号　邮政编码100037）
策划编辑：苏　洋　　责任编辑：苏　洋
责任校对：孙莉萍　　责任印制：张　博
北京利丰雅高长城印刷有限公司印刷

2024年10月第1版·第5次印刷
145mm×210mm·6.75印张·3插页·204千字
标准书号：ISBN 978-7-111-69170-9
定价：68.00元

电话服务　　　　　　　　网络服务
客服电话：010-88361066　机 工 官 网：www.cmpbook.com
　　　　　010-88379833　机 工 官 博：weibo.com/cmp1952
　　　　　010-68326294　金 书 网：www.golden-book.com
封底无防伪标均为盗版　机工教育服务网：www.cmpedu.com

前言

当今世界，在全球各地所展开的军事行动中，应对多种作战任务的主角便是特种部队。特种部队成员都是经过了苛刻的选拔，挺过了严酷的训练，精通多种武器及军事技术的职业型战士。

到现在为止，大家往往会认为特种部队是军队里的精英，事实上特种部队也是许多志愿兵向往的地方。不过，过去的特种部队并不那么光鲜。在二战期间所诞生的现代特种部队雏形，大多是英军或美军的非正规部队，到了战后都停止了活动甚至连番号都没能保留下来。除了特种部队完成了它的使命之外，并没有得到正规军的认可。

虽然开局不顺，但是冷战时期的大战略环境推动了特种部队的复兴，到了1970年，特种部队必须肩负起新的挑战——反恐重任。然而，随着冷战的结束，特种部队的重要性不仅没有削弱，反而迈上了一个新的台阶。

当前形势之下，特种部队在军队系统中的重要性已经是共识。无论在任何地形、任何条件下，特种部队必须排除万难完成艰苦卓绝的军事行动，流血牺牲也毫无怨言。所以，特种部队被投入到了无数战场之中，伤亡惨重（据说伊拉克及阿富汗等地的特种部队战损极大）。

本书聚焦于军队系统及警察系统的特种部队，无论是武器、装备还是战术，笔者将知无不言，言无不尽，一些无法获得当前最新信息的版面，笔者只能多补充一些历史情报，这一点请读者多多包涵。

此外，备受瞩目的私人军事承包商（PMC），往往由前特种部队成员组建，也成了特种部队退役人员趋之若鹜的新岗位。目前，美军甚至出现了离开私人军事承包商便无法执行军事任务的情况，可见其重要性。基于以上原因，笔者将在第5章详细介绍私人军事承包商相关信息。

希望读者们能借助本书加深对特种部队的认识！

坂本明

目录 CONTENTS

前言

第1章 武器　CHAPTER 1 Arms of SOF

- 01 轻武器（1） 特种部队专用突击步枪 ······ 10
- 02 轻武器（2） 特种部队专用突击卡宾枪——HK416 ······ 12
- 03 轻武器（3） 拓展枪械功能的附属组件 ······ 14
- 04 轻武器（4） 作为近战主角的冲锋枪 ······ 16
- 05 轻武器（5） 深受西方各国青睐的乌兹冲锋枪 ······ 18
- 06 轻武器（6） 销量独占鳌头的 H&K MP5 ······ 20
- 07 轻武器（7） 在全球广受欢迎的 MP5 枪族 ······ 22
- 08 轻武器（8） 火力比冲锋枪更胜一筹的 PDW ······ 24
- 09 轻武器（9） 可化身攻击型武器的手枪 ······ 26
- 10 轻武器（10） 军队偏好自动手枪的原因 ······ 28
- 11 轻武器（11） 特种部队使用哪些型号的左轮手枪？ ······ 30
- 12 轻武器（12） 特种部队偏好什么类型的手枪？ ······ 32
- 13 轻武器（13） 火力支援的核心——轻机枪和通用机枪 ······ 34
- 14 轻武器（14） 特种部队专用狙击枪简介 ······ 36
- 15 轻武器（15） 俄军特种部队专用枪械的特征 ······ 38
- 16 手雷 从杀伤性到非杀伤性，种类繁多 ······ 40
- 17 炸药 可应对多种情况的必选项 ······ 42
- 18 非致命性武器 警察系统特种部队的非致命性武器 ······ 44

第2章 单兵装备　CHAPTER 2 Individual Equipments of SOF

- 01 美国特种部队（1） 绿色贝雷帽是精锐的代名词 ······ 48

02	美国特种部队（2）	为特种部队开发的单兵装备 ··	50
03	美国特种部队（3）	陆海空三栖作战的海豹突击队的野战装备 ················	52
04	美国特种部队（4）	海豹突击队的反恐作战装备 ·······································	54
05	美国特种部队（5）	在与恐怖分子的较量中诞生的 CQB 装备 ·················	56
06	美国特种部队（6）	新型作训服与战斗服也使用数字迷彩 ·························	58
07	美国特种部队（7）	反恐特设部队——DEVGRU ··	60
08	美国特种部队（8）	拥有空中力量的地面特种部队 ··································	62
09	美国特种部队（9）	具有强大作战能力的空军伞降救援队 ························	64
10	美国特种部队（10）	神秘的三角洲反恐特种部队 ······································	66
11	美国特种部队（11）	警察系统内的特种部队 ···	68
12	美国特种部队（12）	军队和警察系统特种部队的异同点 ···························	70
13	美国特种部队（13）	警察系统特种部队以执法为重 ··································	72
14	英国特种部队	被誉为世界一流特种部队的 SAS ·······························	74
15	法国特种部队	法国国家宪兵特勤队的装备 ······································	76
16	德国特种部队（1）	日新月异的 GSG9 现役装备 ·····································	78
17	德国特种部队（2）	海军武装潜水连队的单兵装备 ··································	80
18	俄罗斯特种部队（1）	治安系统特种部队的现役反恐装备 ···························	82
19	俄罗斯特种部队（2）	久经考验的阿尔法和温贝尔的战斗力 ······················	84
20	俄罗斯特种部队（3）	装备升级缓慢的俄罗斯联邦陆军 ······························	86
21	以色列特种部队	精锐中的精锐——萨耶雷特特种部队 ·······················	88
22	日本特殊作战群	重重机密下的特殊作战群 ···	90
23	日本警察特种奇袭队	日本警察特种奇袭队 SAT ···	92
24	降落伞（1）	两种伞降方法 ··	94
25	降落伞（2）	特种部队的最爱——方形降落伞 ······························	96
26	降落伞（3）	降落伞及氧气面罩的穿戴步骤 ··································	98
27	降落伞（4）	跳伞长及跳伞指令 ···	100
28	降落伞（5）	高空跳伞的专用装备 ···	102
29	降落伞（6）	特种部队伞降技术 ···	104
30	降落伞（7）	高空跳伞装备的演变 ···	106
31	潜水装备（1）	特种作战中不可或缺的潜水装备 ······························	108

- **32** 潜水装备（2） 军用水肺潜水装备的构造 ⋯⋯⋯⋯⋯⋯⋯⋯⋯⋯⋯⋯ 110
- **33** 潜水装备（3） 各国特种部队使用的潜水装备 ⋯⋯⋯⋯⋯⋯⋯⋯⋯ 112
- **34** 潜水装备（4） 闭锁回路式及半闭锁回路式潜水装备 ⋯⋯⋯⋯⋯⋯ 114
- **35** 潜水装备（5） 闭锁回路式潜水装备的构造与优点 ⋯⋯⋯⋯⋯⋯⋯ 116
- **36** 潜水装备（6） 干式轻潜水服的水密性对人体的保护 ⋯⋯⋯⋯⋯⋯ 118
- **37** 潜水装备（7） 高速发展中的水下通信器材与导航装置 ⋯⋯⋯⋯⋯ 120
- **38** 通信器材（1） 发报机与接收器的基本原理及构造 ⋯⋯⋯⋯⋯⋯⋯ 122
- **39** 通信器材（2） 数字通信器材的优点 ⋯⋯⋯⋯⋯⋯⋯⋯⋯⋯⋯⋯⋯ 124
- **40** 通信器材（3） 隐匿性极强的扩展频谱通信技术 ⋯⋯⋯⋯⋯⋯⋯⋯ 126
- **41** 通信器材（4） 现代军队不可或缺的通信卫星 ⋯⋯⋯⋯⋯⋯⋯⋯⋯ 128
- **42** 通信器材（5） 什么是加密通信？ ⋯⋯⋯⋯⋯⋯⋯⋯⋯⋯⋯⋯⋯⋯ 130
- **43** 信息网络终端 智能手机成为战场必备之物 ⋯⋯⋯⋯⋯⋯⋯⋯⋯⋯ 132
- **44** 电子设备 提升战斗力的必备之物 ⋯⋯⋯⋯⋯⋯⋯⋯⋯⋯⋯⋯⋯⋯ 134
- **45** 头盔 特种部队中用途广泛的新型头盔 ⋯⋯⋯⋯⋯⋯⋯⋯⋯⋯⋯⋯ 136
- **46** 夜视仪（1） 有源式与被动式的区别 ⋯⋯⋯⋯⋯⋯⋯⋯⋯⋯⋯⋯ 138
- **47** 夜视仪（2） 将物体热源可视化的摄影设备 ⋯⋯⋯⋯⋯⋯⋯⋯⋯ 140
- **48** 战斗口粮 战斗口粮是战时特种部队的主食 ⋯⋯⋯⋯⋯⋯⋯⋯⋯⋯ 142

第3章 部队装备
CHAPTER 3 Group Equipments of SOF

- **01** 特种作战直升机（1） 空中支援部队——暗夜潜行者 ⋯⋯⋯⋯⋯ 146
- **02** 特种作战直升机（2） 第160特种作战航空团的专属直升机 ⋯⋯⋯ 148
- **03** 空中支援（1） 美国空军特种作战部队的专用特种机 ⋯⋯⋯⋯⋯⋯ 150
- **04** 空中支援（2） 美国空军特种作战部队的局部火力压制攻击机 ⋯⋯ 152
- **05** 地空回收系统 飞机牵引气球即可回收人员 ⋯⋯⋯⋯⋯⋯⋯⋯⋯⋯ 154
- **06** 特种作战车辆 特种部队专用车辆的性能要求 ⋯⋯⋯⋯⋯⋯⋯⋯⋯ 156
- **07** 特种作战船只 水下、水面特种作战的支援船只 ⋯⋯⋯⋯⋯⋯⋯⋯ 158
- **08** 特种部队支援潜艇 为特种作战而改造的核潜艇 ⋯⋯⋯⋯⋯⋯⋯⋯ 160
- **09** 无人机（1） 无人攻击机——MQ-9"收割者" ⋯⋯⋯⋯⋯⋯⋯⋯ 162
- **10** 无人机（2） 无人攻击机MQ-9的作战任务 ⋯⋯⋯⋯⋯⋯⋯⋯⋯⋯ 164

第4章 行动
CHAPTER 4 Operations of SOF

- 01 潜入手段　特种作战中常用的潜入敌后方法 · 168
- 02 侦察任务及哨所　以信息收集为目标的哨所内部情况 · · · · · · · · · · · · · · · · · 170
- 03 反劫机战术　风险巨大的飞机救援任务 · 172
- 04 车辆反劫持战术　日本也曾发生过多起车辆劫持事件 · · · · · · · · · · · · · · · · · 174
- 05 海上反劫持战术　应对以船只或海上设施为目标的事件 · · · · · · · · · · · · · · · 176
- 06 船舱内部搜索　美国海军海豹突击队搜索船舱的技巧 · · · · · · · · · · · · · · · · · 178
- 07 物资空投　敌后作战条件下对特种部队的补给 · 180
- 08 野战方法　SWAT 必须掌握的野战技巧 · 182
- 09 特警人质救援作战（1）　潜入建筑物后的侦察技巧 · · · · · · · · · · · · · · · · · · 184
- 10 特警人质救援作战（2）　破坏建筑物门窗的方法 · 186
- 11 特警人质救援作战（3）　突入犯罪分子据守房间的技巧 · · · · · · · · · · · · · · 188
- 12 特警人质救援作战（4）　从室内突入到人质救援的全过程 · · · · · · · · · · · · 190
- 13 特警人质救援作战（5）　索降突入 · 192
- 14 特警人质救援作战（6）　突入装备不逊于军队装备 · · · · · · · · · · · · · · · · · · 194
- 15 特种部队人质救援作战　剿灭一切反抗之敌 · 196
- 16 近战　近战技术 CQB 与 CQC 的区别 · 198

第5章 私人军事承包商
CHAPTER 5 Private Military Company

- 01 特种部队生存环境变迁　从影子部队到精英战士再到私人军事承包商雇员 · 202
- 02 私人军事承包商（1）　使特种部队队员跳槽的高收入职业 · · · · · · · · · · · · 204
- 03 私人军事承包商（2）　军队功能订单 · 206
- 04 私人军事承包商（3）　私人军事承包商的安全保障业务 · · · · · · · · · · · · · · 208
- 05 私人军事承包商（4）　私人军事承包商能参与军事行动吗？ · · · · · · · · · · 210
- 06 私人军事承包商（5）　军队通过外包的方式压缩成本 · · · · · · · · · · · · · · · · 212
- 07 私人军事承包商（6）　私人军事承包商爆发式成长 · · · · · · · · · · · · · · · · · · 214

CHAPTER 1

Arms of SOF

武 器  第1章

虽说特种部队的专用武器与普通士兵的武器大同小异,事实上,特种部队还倾向于应用非军队制式枪械,以及普通士兵并不重视的冲锋枪、手枪等。
本章着重介绍特种部队的专用武器及其特征。

CHAPTER 01. 轻武器（1）

特种部队专用突击步枪

步枪是特种部队成员的基础装备，虽然相对来说在型号上的选择余地比较大，但是和普通士兵一样，他们保护自己生命的主要武器也是一支步枪。

如今，突击步枪已经成为士兵的标准装备，它的原型是第二次世界大战中德军的 StG44 突击步枪。由于绝大部分步兵的战斗发生在 50~300 米范围内，德国人根据这一情况将步枪与冲锋枪的优点融为一体，成功开发出 StG44 突击步枪。使用的子弹尺寸介于步枪子弹与手枪子弹之间，由于后坐力较小，可以轻易实现全自动射击。第二次世界大战结束后，随着突击步枪的普及，以及子弹小口径化○的发展，突击步枪的轻量化也得以实现。到今天为止，全球开发、投产了多种突击步枪，其中的 M16 枪族和 AK 枪族堪称绝代双骄。

M16 突击步枪是美国陆军 SALVO（齐射）项目（20 世纪 50 年代实施的替代 M14 步枪的新型步枪开发计

▲ 正在使用民用版 MR556 型 H&K HK416 突击卡宾枪的波兰特种部队队员。被誉为改良版 M4 卡宾枪的 HK416 突击卡宾枪已经列装部分美国陆海军特种部队。

○ 子弹小口径化：M16 使用的 5.56×45 毫米和 AK74 的 5.45×39 毫米等口径的子弹。目前，一般将使用 7.62×51 毫米的大口径子弹的突击步枪归类为战斗步枪。

【武器】Arms of SOF

划）成功开发的新型突击步枪，其原型为 AR15 突击步枪，M16 可以说是一款饱经实战检验的武器。它的对手 AK 枪族源自苏联的 AK47 突击步枪。由于 AK47 结构简单，在苛刻的操作环境下依旧能正常使用，同时威力不减，在华约诸国衍生出多个版本，销量独占鳌头。

另一方面，随着装甲运兵车（APC⊖）的普及，步兵战斗方式出现变革——步兵搭乘装甲运兵车进行战场机动及作战，因此促成了 1970 年以斯太尔 AUG、L85 等为代表的紧凑型无托式⊖（Bullpup）突击步枪的问世。1980 年以后，材料革命使得大量塑料零部件进入武器领域，从枪身到可动部件、击发组件等，均出现了工程塑料的身影，代表枪械是 G36 突击步枪。

进入 21 世纪，各国竞相将特种部队投放到战场执行多种任务。原因在于特种部队具有极高的独自完成既定任务的能力，而且能够应对各种情况（更重要的是，即使出现伤亡也比普通部队的士兵影响小）。因此，一切最尖端、最优秀的武器自然而然地优先流向了特种部队，突击步枪也是其中之一。时至今日，称得上是士兵伴侣的突击步枪种类繁多，其中绝大部分是为拥有顶尖射击技术的部队设计的产品，可以说是特种部队专用的突击步枪。

Arms of SOF

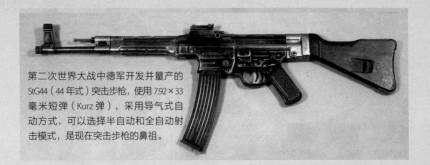

第二次世界大战中德军开发并量产的 StG44（44 年式）突击枪，使用 7.92×33 毫米短弹（Kurz 弹），采用导气式自动方式，可以选择半自动和全自动射击模式，是现在突击步枪的鼻祖。

⊖ APC：Armored Personnel Carrier 的首字母缩写。
⊖ 无托式：将弹匣和机匣的位置改至扳机后方的枪托内的结构。在不缩短枪管的同时，与传统结构相比能缩短步枪的全长，在外观设计上与传统突击步枪大相径庭。

CHAPTER 02. 轻武器（2）

特种部队专用突击卡宾枪——HK416

德国的黑克勒-科赫（H&K）公司以美国 M4 卡宾枪的改良版为基础开发而成的是 HK416，在外观上虽然只比 M4 多了一个皮卡汀尼导轨系统，但是结构上采用了导气式自动方式，已经与 M4 大不相同。

HK416 取消了 M4（M16 枪族）最具代表性的气体直推传动方式⊖，导入与 H&K 公司的 G36⊖ 相同的方式，枪栓的击发方式也做了修改，虽然操作方法与 M4 相同，但是可靠性与使用寿命均得到提高。

2003 年，在特种部队制式突击步枪改型计划中，美军进行了 M4A1 卡宾枪的替代枪型定型测试。当时，HK416 在与 FN 公司（FabriqueNationale de Hersta）的 SCAR 突击步枪的竞标中败北。然而近些年，美国的特警部队以及欧洲各国特种部队均选择了 HK416，连日本海上自卫队也购买了一些 HK416。

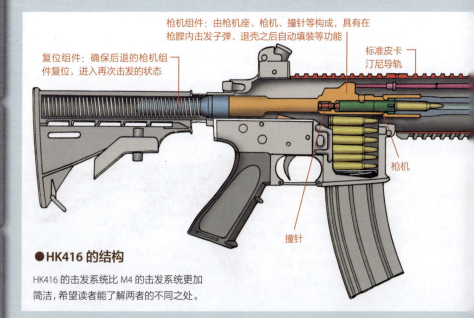

● HK416 的结构

HK416 的击发系统比 M4 的击发系统更加简洁，希望读者能了解两者的不同之处。

⊖ 气体直推传动方式：首次出现在瑞典的 AG42 杨曼自动步枪上，被称为气体直推传动方式。
⊖ G36：H&K 公司的 HK50 突击步枪，作为 G3 突击步枪的替代枪型于 1996 年列装德军。

【武器】Arms of SOF

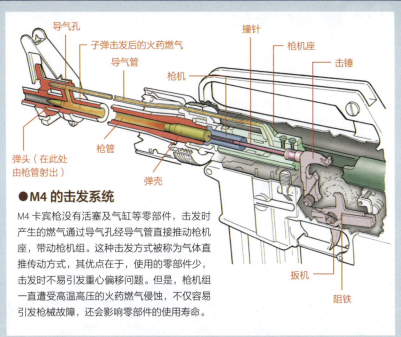

● M4 的击发系统

M4 卡宾枪没有活塞及气缸等零部件，击发时产生的燃气通过导气孔经导气管直接推动枪机座，带动枪机组。这种击发方式被称为气体直推传动方式，其优点在于，使用的零部件少，击发时不易引发重心偏移问题。但是，枪机组一直遭受高温高压的火药燃气侵蚀，不仅容易引发枪械故障，还会影响零部件的使用寿命。

▲HK416 拥有 D10RS（短枪管型）与 D145RS（长枪管型）2 个型号，图中是长枪管型

CHAPTER 03. 轻武器（3）

拓展枪械功能的附属组件

目前，由于附属导轨系统的发展，通过加装各种附属组件提高枪械功能成为主流。发生在室内以及狭小街道的昼夜近战中，拥有装配了激光指示器或红点瞄准器等高科技组件枪械的一方自然占尽上风（美军之所以会使用这些装备，原因在于当下的战斗方式由野战转为都市游击战）。

在近战（CQB⊖）中存在来不及举枪瞄准的可能性，因此，能够降低瞄准难度的可拆装附属组件就显得极为有效。

▲ 美军空降部队士兵使用 M4 卡宾枪瞄准前方，附属组件就是 ❶ AN/PEQ2 激光瞄准器／照明器（以激光照射目标指示弹着点的装备，可发射可见光中的红色激光和不可见光中的红外线激光）与 ❷ ACOG⊖昼／夜用瞄具（拥有昼间用十字线／十字刻线和夜间用氚光源两种瞄具）。

◀ 使用加装了新型 AN/PEQ15 瞄具的 M4 突击步枪瞄准的美军士兵。

⊖ CQB：Close Quarter Battle 的首字母缩写。指的是在都市街道或建筑物等有限空间内，以少量士兵接敌的战斗。

⊖ ACOG：Advanced Combat Optical Gun-sight 的首字母缩写。

【武器】Arms of SOF

使用加装了瞄准器的 MP5 突击步枪瞄准的战术突击队和海上突击队队员。红点瞄准器的红色光点（红点）可以指示出弹着点，队员可以根据光点位置迅速射击（必须提前校准，使光点与弹着点位置吻合）。战术突击队和海上突击队（TAG/OAT）是澳大利亚反恐部队，成员是从 SASR⊖（澳大利亚空降特勤团）精选出来的佼佼者，接受过 CQB 和反海盗战术等特种训练。

▼战术突击队和海上突击队（TAG/OAT⊖）队员

红点瞄准器

使用夜视仪朝目标射击的美军士兵。加装夜视仪之后视野受限，丧失距离感导致瞄准难度增大。但是，使用 AN/PEQ2 激光瞄准器 / 照明器中的红外线激光，可以简单地从夜视仪中确认弹着点之后即可完成瞄准（红外线激光属于不可见光，难以被敌方发现）。

⊖ TAG/OAT：Tactical Assault Group/Offshore Assault Team 的首字母缩写。
⊖ SASR：Special Air Service Regiment 的首字母缩写。

CHAPTER 04. 轻武器（4）

作为近战主角的冲锋枪

冲锋枪（迷你机枪）指的是使用手枪子弹的小型机枪。大多数枪型采用枪机闭锁枪膛之后由扳机击发的方式，也就是闭合式枪机结构。与此相反，冲锋枪采用的是，在枪栓处于后退位置时扣动扳机，枪机在复进簧的推动下前移，可从弹仓内推动子弹进入枪膛并瞬间击发的方式，也就是所谓的开放式枪机结构。由于采用了开放式枪机，冲锋枪的结构简单，适合大量生产，但是射击精度较差。

全自动射击是冲锋枪的基本特征，因此在第二次世界大战中，冲锋枪成为被广泛使用的近距离战斗单兵武器。然而，由于冲锋枪使用9毫米.45ACP手枪弹，威力小且有效射程仅为100米左右，第二次世界大战结束后，随着突击步枪的普及，射击精度不高的冲锋枪逐渐被淘汰。

不过，到了今天，在特种部队以及特警的反恐特种作战等小规模战斗中，冲锋枪的有效性再次获得认可。

在需要突入建筑物或室内的人质救援行动中，以及在狭小区域内的都市游击战中，反而是适当缩短射程并降低威力的枪械效果更好。

例如，突击步枪使用5.56毫米高速步枪子弹时，由于威力过大，子弹会直接贯穿目标身体。在这种情况下，敌方甚至感受不到中枪，依旧能做出反击动作，还有可能存在跳弹及贯穿弹杀伤人质和己方人员等风险。

此外，枪身紧凑的冲锋枪便于在狭小空间内操作。而且冲锋枪使用的是手枪子弹，能与同时携带的备用武器——手枪共用子弹，小型轻量化的手枪子弹的携带数量能有所提高。

基于以上理由，以特警部队为主的战斗单位对冲锋枪的需求不小。其中，德国黑克勒-科赫（H&K）公司生产的MP5枪族具有传统冲锋枪望尘莫及的命中精度和优良的散布度，成为世界各国的警察及特种部队的首选武器（据说，MP5枪族是全球使用量最大的冲锋枪）。

然而近些年，面对穿上防弹衣的恐怖分子，威力不足的手枪子弹难以贯穿防弹衣达到杀伤目的，因此，使用新开发的高侵彻力子弹的单兵防卫武器（PDW[⊖]）成为武器清单中的新面孔。

[⊖] PDW：Personal Defense Weapon 的首字母缩写。指的是介于冲锋枪与突击步枪之间的武器，使用的是既非手枪子弹亦非步枪子弹的专用弹药。

【武器】Arms of SOF

●SBS 队员装备

以色列于 1990 年前后列装了英国皇家海军陆战队的 SBS ⊖（特别舟艇中队）反恐战斗装备。索具上悬挂的是 H&K 公司的 MP5K 冲锋枪。SBS 和 SAS 等英国特种部队于 20 世纪 70 年代广泛使用 MP5，向世界证明了它是一款极为优秀的冲锋枪。

① 冲锋头盔
② 频闪灯
③ 防弹衣
④ H&K MP5K
⑤ FN 高性能手枪
⑥ 芳纶突击服
⑦ 突击靴
⑧ 手枪弹匣
⑨ 冲锋枪弹匣套
⑩ 芳纶手套
⑪ 无线对讲机收纳包
⑫ SF-6 人工呼吸器 / 防毒面具

⊖ SBS：Special Boat Service 的首字母缩写。

第 1 章 武器 17

CHAPTER 05. 轻武器（5）

深受西方各国青睐的乌兹冲锋枪

● 包络式枪机⊖冲锋枪

以色列 IMI ⊜（现名 IWI）公司的乌兹冲锋枪，是在以色列建国不久后的 1951 年开始投产的冲锋枪。当时的以色列工业力量薄弱，为实现乌兹冲锋枪的规模化生产，IMI 公司在极力削减零部件数量的同时尽量采用冲压加工的零件。最终，全重仅 3.8 千克的乌兹冲锋枪在全自动射击时依旧能保持良好的可操控性，而且简单的结构使其拥有优良的抗泥沙性能。乌兹冲锋枪不仅成为以色列国防军的爱枪，西方诸国对它也极为赞赏，将其列为军队与执法机关的制式武器。虽然目前风头逊于 H&K 公司的 MP5 冲锋枪，但是仍有部分国家使用至今。日本的 NMB（Nippon Miniature Bearing）公司曾经生产过 9 毫米口径的采用包络式枪机模式的自动手枪，但远不如乌兹冲锋枪那样出名。

▼乌兹冲锋枪的结构

包络式枪机冲锋枪的主要特征是，枪管总长的四分之三处于机匣之内。乌兹冲锋枪的击发系统则采用开放式枪机，利用反冲力推动扳机，在开栓状态下进入击发准备。启动压簧杆后，被阻铁锁住的枪机在复进簧的作用下向前运动，与同时完成装弹与闭锁枪膛动作，固定于枪栓上的撞针击发底火而发射出弹头。在后坐力的推动下枪机向后运动……按以上步骤，每次扣动扳机就重复以上动作。在此循环中，由退壳器控制抛壳时机。

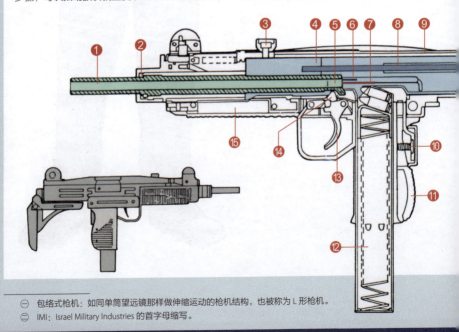

⊖ 包络式枪机：如同单筒望远镜那样做伸缩运动的枪机结构，也被称为 L 形枪机。
⊜ IMI：Israel Military Industries 的首字母缩写。

【武器】Arms of SOF

射速高达每分钟 1200 发，由于没有速度抑制机构，全自动射击时操控性很差。

◀▼9 毫米口径自动手枪

日本自卫队的 9 毫米自动手枪是部队指挥官以及班组武器操作人员的自卫武器，于 1999 年定型、列装。基本实现了全自动射击（即冲锋手枪），可在短距离内以火力压制敌人，但无法进行精准射击。全长 339 毫米，虽然短小精悍，但操控性较差，有传闻说特种作战单位也将其列入了制式装备。

采用包络式枪机和开放式枪机击发方式

为减弱膛口焰而使用包覆式枪管

去掉枪托后，为了加强操控性，在前方增加握柄

半/全自动快慢机

握柄内藏弹匣

❶ 枪管（枪膛） ❷ 枪管套管 ❸ 拉机柄 ❹ 枪机：枪管仿佛插入枪栓内部，这种结构可以利用枪机的自重抵消射击时产生的枪身跳动 ❺ 枪膛 ❻ 退壳器（将弹壳导出的零部件） ❼ 固定式撞针 ❽ 枪机、抛壳挺、导杆、复进簧 ❾ 上部机匣壳 ❿ 握把保险 ⓫ 握把 ⓬ 弹匣：由于是包络式枪机，采用弹匣插入握把内的结构 ⓭ 扳机传动组件 ⓮ 阻铁 ⓯ 机匣

⊖ 握把保险：握住握把时可解除的保险装置，保险杆没有下压时枪栓无法后退。

CHAPTER 1
06. 轻武器（6）

销量独占鳌头的 H&K MP5

已经开发成功的冲锋枪不可胜数，但是对于各国反恐特警以及特种部队来说，最喜爱的莫过于黑克勒－科赫（H&K）公司开发的 MP5 枪族。自 1960 年问世以来，MP5 枪族以采用工程塑料枪托的 MP5A2 作为基本型号，后续发展出多个不同枪型。

MP5 枪族中所有的枪型都拥有共通的机匣，采用名为滚柱迟动反吹㊀（迟动反吹）的特殊击发方式——枪机闭锁枪膛之后击发的闭锁式枪机，因而在自动射击时操控性较好，命中精度较高。

MP5 的改进型种类繁多，最大的特征是能够加装激光指示器、镁光灯、瞄具、夜视仪等多种多样的附属组件。

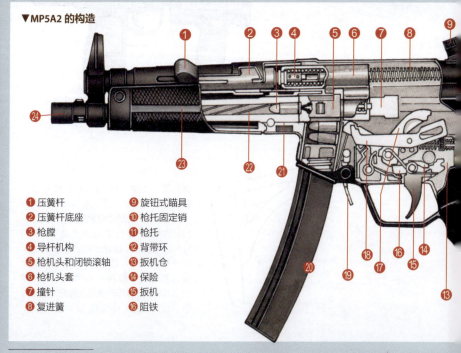

▼ MP5A2 的构造

① 压簧杆
② 压簧杆底座
③ 枪膛
④ 导杆机构
⑤ 枪机头和闭锁滚轴
⑥ 枪机头套
⑦ 撞针
⑧ 复进簧
⑨ 旋钮式瞄具
⑩ 枪托固定销
⑪ 枪托
⑫ 背带环
⑬ 扳机仓
⑭ 保险
⑮ 扳机
⑯ 阻铁

㊀ 滚柱迟动反吹：指的是枪机上的两个滚柱可以在击发时迟滞枪机后退时机的构造，也称为滚柱闭锁枪机方式。这种方式可以在某种程度上抑制射击时的后坐力，是一种提高射击分布密度的结构，据说原始设计来自 H&K 公司的 G3 自动步枪的枪机组件。

【武器】Arms of SOF

使用 MP5A2 进行瞄准的美国陆军士兵，快慢机可以在安全、半自动、全自动之间自由切换。从 MP5A4 开始新增了三发点射模式，在枪身上用子弹头图标区别不同的模式。

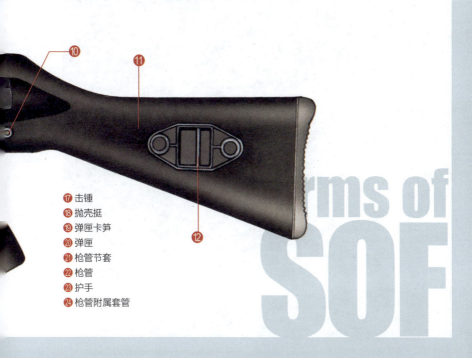

⑰ 击锤
⑱ 抛壳挺
⑲ 弹匣卡笋
⑳ 弹匣
㉑ 枪管节套
㉒ 枪管
㉓ 护手
㉔ 枪管附属套管

第1章 武器 21

CHAPTER 07.

轻武器（7）

在全球广受欢迎的 MP5 枪族

H&K 公司的 MP5 发展出了 100 多个型号，这些都属于"MP5 枪族"成员，在此选取部分型号为读者进行讲解。

▲ 手持以 3 点式肩带固定的 MP5 的波兰特警队员，头戴奥地利乌布利希公司生产的"Zenturio"型覆面头盔，内藏头载机组系统。身穿德国生产的 GSG9 防弹衣、外罩战术背心（2005 年前后的装备）。

【武器】Arms of SOF

◀ MP5N

以 MP5A3（MP5 滑动式金属枪托制式型号）为蓝本，对扳机组件进行了改良，拥有全自动、半自动和 3 发速射射击模式。插图为紧固件固定的并列式双弹匣，这种结构的优势在于可以快速更换弹匣。

▲ MP5SD3

SD 指的是加装了特种部队专用的消音器（可降低噪声，遮蔽膛口焰的消音器）的型号。其最大特征是内藏式消音器和滑动式金属枪托。

▲ MP5PDW

以 MP5K㊀为蓝本开发的飞机空乘人员自卫武器。最大特征是枪口制动器和折叠式骨架枪托。由于拥有短小精干的外形，也成了特种部队的武器。

▲ USP

MP5 枪族在使用 9 毫米口径帕拉贝鲁姆子弹的枪型中堪称佼佼者，但由于火力稍显不足而为人诟病。根据特种部队的需求，H&K 公司开发了这款使用大威力 .45ACP 子弹的 USP 冲锋枪。为了防止击发时枪口上跳，机匣前方增加了握把，并采用了折叠式骨架枪托。

㊀ MP5K：改为紧凑型枪管并加装握把，去掉枪托后的迷你型 MP5，被称为库尔兹（短小）枪。这把库尔兹枪可以藏在手提箱内直接射击，为此开发的专用手提箱也颇有名气。

CHAPTER 1

08. 轻武器（8）

火力比冲锋枪更胜一筹的 PDW

拥有独特外形的 P90 是比利时 FN 公司开发的 PDW（单兵防卫武器）冲锋枪。原本是为装甲车部队以及后方部队士兵开发的武器，但是不凡的威力使它受到各国特种部队的青睐。配备的是外形类似步枪子弹的 5.7 毫米 ×28 毫米口径的专用子弹，以确保子弹可以击穿防弹衣并停留在目标体内对人体组织造成破坏。

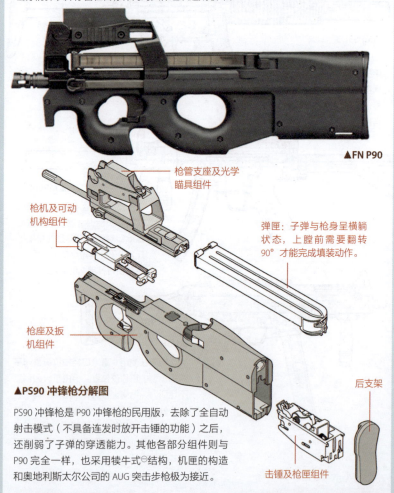

▲FN P90

枪管支座及光学瞄具组件

枪机及可动机构组件

弹匣：子弹与枪身呈横躺状态，上膛前需要翻转 90°才能完成填装动作。

枪座及扳机组件

后支架

击锤及枪匣组件

▲PS90 冲锋枪分解图

PS90 冲锋枪是 P90 冲锋枪的民用版，去除了全自动射击模式（不具备连发时放开击锤的功能）之后，还削弱了子弹的穿透能力。其他各部分组件则与 P90 完全一样，也采用犊牛式⊖结构，机匣的构造和奥地利斯太尔公司的 AUG 突击步枪极为接近。

⊖ 犊牛式：指弹匣与枪机配置于握把与扳机后方的结构，可以在不缩短枪管的同时缩短枪支全长。

【武器】Arms of SOF

▶ **FN57**

该枪是使用 P90 专用的 5.7 毫米×28 毫米子弹的大型手枪,其威力之大,可在 50 米以外击穿Ⅲ级防弹衣。击发方式为枪管枪栓迟动反吹(为提高命中精度,在枪体内加装了迟延枪管后退结构)方式。合成树脂外壳,弹匣容量为 20 发。图为目前制式 FN57 枪型的单动扳机型号。

H&K MP7 使用的是一种类似 P90 专用的 5.7 毫米×28 毫米子弹的新型 4.6 毫米×30 毫米子弹的冲锋枪。枪身大量使用塑料零部件,运作方式为短冲程活塞式。据说,这种 PDW 武器在开发阶段就留下了浓重的 P90 色彩。附图是收起可伸缩抵肩枪托和前握把状态时的 MP7。

▲▼**H&K MP7**

前方侧面加装导轨,将可折叠前握把改为固定握把的 MP7A2,上方加装红点瞄准器。MP7 的枪机卡榫和快慢机分设于左右两侧,不论左右手都能完成操作。

CHAPTER 1
09. 轻武器（9）

可化身攻击型武器的手枪

军队将手枪定义为自卫武器，甚至有极端的国家认为手枪仅仅是代表指挥官权威的装饰物，最多也就是作为坦克兵和机枪手的辅助武器携带，很难被当作正式的武器看待。而且在各种枪械中，手枪的操作难度最大，熟练使用所需的时间最长（与操控难度相反，射程短且命中精度低，威力一言难尽），因此军队中一般不进行手枪实战射击训练。这样一来，精通手枪射击的士兵可以说是凤毛麟角般的存在。

不过，如今一部分国家给予手枪"偏重进攻性武器"的新定位，并在军队与警察的特种部队中展开相关的实战训练。主要场景设定为城市街巷与建筑物内部等狭小空间内的反恐作战，因为在这些环境里手枪更具优势。而且，当冲锋枪发生故障的时候，手枪可以作为一种有效的辅助性武器，其最大的优势是可以隐蔽携带。

▲ 一般来说，手枪指的是可单手操作的枪械，双手握枪可以加强稳定性，提高命中精度。一般是主手握住枪把，副手辅助的姿势据枪。在此姿势下伸直双臂瞄准目标，也就是等腰三角形据枪法，这种据枪法已经成为现代手枪据枪的主流。据枪时不必单眼瞄准，双眼同时望向目标，采用握拳式击发而非扣动扳机的方式。

【武器】Arms of SOF

据说，一般手枪的有效射程为10米，不经过严格训练很难命中20米处的目标。不过，近年来手枪定制化（为了提高操控性及命中精度对手枪进行定制化改造）及红点瞄准器等功能性附属组件的发展，加上专业训练员的助力，士兵也能用手枪击中50米外的目标。但这些进步并不意味着手枪获得了结构性进化。包括步枪与机关枪也是如此，基本的枪械结构也就是击发动作的原理，本身其实与第二次世界大战中使用的枪械别无二致⊖。

▲使用模型枪械进行等腰三角形据枪⊜的美国海军陆战队士兵。需要左右转动枪口时，必须上半身整体跟着旋转。据说，防弹服的普及是这种射击姿势成为主流的原因之一。

▼特种部队在近战（通常指射击距离小于7米）时，往往会使用点射方式。不使用瞄具凭直觉向目标射击，目的在于命中目标身体中央部位，使其失去反抗能力。同时不能仅在固定位置静止射击，必须在变换方位的同时完成射击动作。对于现场突击部队来说，这是极为重要的技巧。尤其是在建筑物入口静止射击，会干扰后续队员的行动，同时很容易成为对手绝好的靶子（以前美军以静止射击训练为主，近年来开始发生了变化）。照片中的美军陆战队员正在接受运动射击训练。

⊖ 别无二致：过去与现在枪械发生的最大变化在于材料与结构精度。
⊜ 等腰三角形据枪：据枪时俯视射手可见两臂与身体呈等腰三角形，故有此名称。

CHAPTER 10. 轻武器（10）

军队偏好自动手枪的原因

手枪可以分为自动手枪[一]和左轮手枪两大类，目前依旧在多个领域扮演着不可或缺的角色，但是制式武器中自动手枪占据了绝对优势。按常理来说，在满是泥土和灰尘的战场上，结构简单、故障率低的左轮手枪应该更适合，为什么自动手枪会成为首选呢？

纵观整个历史，一战之后各国的武器开发均以火器自动化为第一目标，可以说手枪的自动化趋势是时代发展的潮流。还有一点，或许自动手枪所具有的机械性、迅捷感和威严感，确实很符合军人气质。

不过，单从最基本的可填装弹药数来看，自动手枪有压倒性优势，

▲ 特种部队常用的射击技巧——双发点射，目的在于确保目标失去反击能力，对其进行双发射击。尤其是军方的特种部队，倾向于对准敌人的头部、胸部等要害部位进行双发点射，确保一击毙命。与此不同的是，警方的特种部队为了逮捕犯人，则倾向于瞄准目标的腿部等非致命部位进行双发点射。上图为美国特警队员使用定制化 H&K P30V1 手枪进行射击。

─ 自动手枪：准确来说是半自动手枪，每次扣动扳机击发一发子弹。

【武器】Arms of SOF

左轮手枪可填装 6~7 发子弹，自动手枪可填装 8~15 发子弹。在 1 发子弹即可决定生死的战场上，可填装弹药数量增多，其重要意义不言而喻！此外，射击结束后重新装弹时，自动手枪在填装速度上也有极大的优势。而且，站在特种部队的立场上来看，目前盛行使用的 9 毫米口径子弹自动手枪，它能与冲锋枪共用子弹是不可忽视的优点（虽然口径相同，但是左轮手枪的子弹无法实施全自动射击）。基于以上原因，可以说军用自动手枪的盛行是必然的。

那么，特种部队使用的自动手枪在性能上有什么特点呢？首先，必须拥有极好的命中精度，这就意味着在射击时，手枪必须拥有良好的可操控性。而且，枪械在拥有极高的可靠性之外，还必须兼顾适度的子弹贯穿威力等要求。

20 世纪 70 年代正是恐怖分子肆虐的时代，为了与之对抗，自动手枪上加装了双动式扳机◯、双排弹匣◯等新功能组件。20 世纪 70 年代末开始的材料、技术革新浪潮，又带来了工程塑料、不锈金属、高精度加工技术等新元素，陆续催生出多款性能优异的新型自动手枪。

▲马上的骑手是二战中手持 .45 口径柯尔特 M1911A1 的美国突击队队员。手枪在马背上远比步枪更灵活。马匹通常是山地行军或运输物资等作业的主力，骑马射击的前提是必须让敏感的马匹适应射击时的枪声与火药的气味。

Arms of SOF

◯ 双动式扳机：扣动扳机时带动扳倒的击锤击发子弹。
◯ 双排弹匣：弹匣内子弹以双排交错方式排列的容弹方式。

CHAPTER 11. 轻武器（11）

特种部队使用哪些型号的左轮手枪？

比起自动手枪，左轮手枪结构简单，可靠性更高。原因在于枪体零部件数量少，故障率自然相对较低，枪械运作更加良好。而且还有可使用包括大威力马格南子弹等多种弹药的优点，所以左轮手枪作为以美国为首的各国警察的制式手枪而遍布全球。

自动手枪往往利用后坐力或火药的燃气压力完成击发动作，而左轮手枪则是靠手指扳动击锤，或者通过扣动扳机的力量击发弹药。自动手枪将弹匣内的子弹推进枪膛后击发，然后自动完成抛壳及二次填装动作。而左轮手枪则是预先将子弹填装进兼有弹匣和枪膛功能的弹巢内，击发之后采用手动抛壳方式。正是由于运作方式不同，左轮手枪不会因为子弹装药量及弹头形状不同而影响击发，而自动手枪会因为弹药种类变化而影响击发动作。

此外，不少同一型号的左轮手枪会因为枪管长度影响射击情况（枪管越长命中精度越好，但是增加枪重会增加控枪难度，使用者会根据喜好及用途选择枪管）。还有个改造要点是，由于左轮手枪的握把不用插入弹匣，所以有多种形状的握

【武器】Arms of SOF

把可供使用者选择。

纵观全球，无论是军队还是警察，尤其是特种部队，使用的都是自动手枪。唯独法国 GIGN（法国国家宪兵特勤队）依旧使用双动式纽曼因 MR73 左轮手枪。

另外，自动手枪和左轮手枪击发时的据枪方式有些不同。左轮手枪据枪时，主手握住枪把，副手拇指位于弹巢下方。这样做的目的是防止被弹巢间隙⊖喷出的火药燃气灼伤。

⊖ 弹巢间隙：枪管与弹巢之间的缝隙，由于击发时火药燃体会从此处外泄，所以左轮手枪加装消音器没有任何意义。

GIGN 队员采用古典肩射姿势使用纽曼因 MR73 左轮手枪瞄准，而目标居然是身穿防弹衣的 GIGN 同事。这样做是为了展示射击技术，还是为了验证防弹衣的性能，或者是为了帮同事练胆兼体验一把子弹的冲击力？仔细观察就可以发现，防弹衣上已经有了弹孔，这种训练让人不寒而栗。纽曼因 MR73 是装弹 6 发，.38 英寸口径（约 9.65 毫米）双动式左轮手枪，自 20 世纪 70 年代开始列装法国执法部门，沿用至今。从 2004 年开始，法国内务部下辖的执法部门列装 SIG SP2022 自动手枪，正在逐步汰旧换新。

CHAPTER 1
12. 轻武器（12）

特种部队偏好什么类型的手枪？

▶ 纽曼因 MR73

法国GIGN（法国国家宪兵特勤队）制式武器，原本是为执法机关开发的手枪，现在只有GIGN还在使用该武器。

口径：.38英寸（约9.65毫米）　全长：233毫米（4英寸版）
重量：950克（4英寸版）　弹容量：6发

◀ SIG P226

采用后坐式的自动手枪，装备双排弹匣，使用9毫米帕拉贝鲁姆手枪弹（部分型号使用.40 S&W子弹和.357 SIG子弹）。拥有极高的耐久性，在水浸、泥浆环境下依然能正常击发。以美国海豹突击队为首的各国特种部队均将其列为制式武器。

口径：9毫米　全长：196毫米
重量：845克　弹容量：15+1发

▲ 青睐.45ACP弹威力的美国海军陆战队队员，在柯尔特M1911A1上加装新型支架及功能性组件后，使得MEU⊖（M45）手枪重上征途。一般自动手枪遭到对方顶住套管推时无法射击，而以CQB为设计理念的MEU手枪最大的特征是在此情况下依旧可以射击。

口径：.45英寸（约11.43毫米）　全长：210毫米　重量：1105克　弹容量：7发

⊖ MEU：Marine Expeditionary Unit 首字母缩写，意思是海军远征军。

【武器】Arms of SOF

● H&K MK23 SOCOM 制式手枪

H&K MK23于1995年6月成为SOCOM[⊖]（美国特种作战中央指挥部）的制式手枪，1996年5月，海豹突击队也将其列入制式武器。据说该枪25码（约23米）立射的散布直径约6厘米，并能够满足特种部队要求的50码（约46米）散布直径10厘米的要求。照片是加装了抑制器和手电的满装备状态。初期阶段美国军方曾经要求加装激光瞄具，但由于缺乏实用性而放弃。

口径：.45英寸　全长：245毫米（仅枪身）
重量：1460克　弹容量：12发

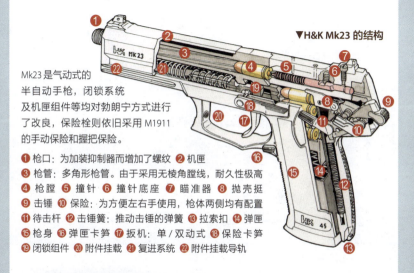

▼H&K Mk23 的结构

Mk23是气动式的半自动手枪，闭锁系统及机匣组件等均对勃朗宁方式进行了改良，保险栓则依旧采用 M1911 的手动保险和握把保险。

① 枪口：为加装抑制器而增加了螺纹　② 机匣
③ 枪管：多角形枪管。由于采用无棱角膛线，耐久性极高
④ 枪膛　⑤ 撞针　⑥ 撞针底座　⑦ 瞄准器　⑧ 抛壳挺
⑨ 击锤　⑩ 保险：为方便左右手使用，枪体两侧均有配置
⑪ 待击杆　⑫ 击锤簧：推动击锤的弹簧　⑬ 拉索扣　⑭ 弹匣
⑮ 枪身　⑯ 弹匣卡笋　⑰ 扳机：单／双动式　⑱ 保险卡笋
⑲ 闭锁组件　⑳ 附件挂载　㉑ 复进系统　㉒ 附件挂载导轨

战术挂载

◀ H&K USP

该枪是1993年由H&K公司开发的9毫米口径自动手枪，包括使用 .40 S&W 和 .45 ACP（美国专用）子弹等几种型号。枪身采用工程塑料，枪管短后坐运作方式（双动式勃朗宁枪机），此外还有其他各种型号。枪身前端的标准战术挂载是此枪最明显的特征。

口径：9毫米　全长：194毫米
重量：780克　弹容量：15+1发

⊖ SOCOM：Special Operations COMmand 的简称。

轻武器（13）

火力支援的核心——轻机枪和通用机枪

在诸如人质救援之类的反恐作战中，几乎没有机枪露面的机会，但是在军事行动中，机枪却是特种部队不可或缺的武器。战斗班规模的小组潜入敌后，一旦遇到危险，唯一能倚仗的强火力武器就是机枪。

虽然名字都叫作机枪，但是既有单人即可操作的使用5.56毫米子弹的班用火力支援机枪，也有威力更大，需要射手与弹药手相互配

▲照片是美国陆军的LSAT⊖（轻型武器技术）计划正在根据操作规程开发新一代机枪，用以取代目前的M249制式轻机枪。LSAT轻机枪即使刚从泥水中打捞出来都能立即完成击发动作，具有极高的可靠性。而且自重仅为4.45千克（M249机枪自重高达7.1千克）。使用的是一种名为埋头弹（Telescoped Ammunition）的特殊子弹，一共开发出工程塑料弹壳和无须抛壳彻底燃烧弹壳两个型号。该子弹最大的特征是弹头彻底埋入弹壳内部，重量只有M249金属弹壳子弹的45%~50%，射手可以携带更多的子弹。当然，重量减轻并不意味着威力减弱，相反，新型子弹的初速度为920米/秒（M249为915米/秒），有效射程为1000米（M249为700米），威力不减反增。该枪的运作方式为气压式。

▲LSAT子弹，弹头埋于弹壳内部的特征极为明显。

⊖ LSAT：Lightweight Small Arms Technologies 的首字母缩写。

【武器】Arms of SOF

合,使用7.62毫米子弹的排级或者连级通用机枪。再往上数就是使用12.7毫米和14.5毫米大口径子弹的重机枪,这些机枪一般采用车载或者机载方式,所以特种部队(一般属于步兵战斗序列)最多也只能携带通用机枪。

美军就把M249轻机枪(使用5.56毫米×45毫米北约标准弹)定义为班用支援武器,把M60或者M240(使用7.62毫米×51毫米北约标准弹)定义为通用机枪。这些机枪的共通之处在于,口径均与步枪相同(可使用北约7.62毫米标准弹),供弹方式为弹容量20~50发的弹匣或者弹带供弹,为满足卧射而加装了两脚支架,可由射手单独(部分枪型需要2人)操作。

还有一点是,机枪的射程远超使用手枪子弹的冲锋枪(短机枪),而且命中精度极高⊖。如果说冲锋枪属于威慑性武器,那么机枪的杀伤性这一色彩更加浓厚。

▶ 图为操作M249的衍生型号Mk48 mod.0轻机枪的海豹突击队员。这款枪是由于M249使用5.56毫米×45毫米北约标准弹威力不足,专门改良成使用7.62毫米×51毫米北约标准弹而成,目前属于美国海军特种部队专用机枪。基本构造与M249完全一样,但是枪管更短,加入了导轨系统之后外观更具现代感。为了强化枪械构造,枪重增加至8.17千克,而有效射程则延长了近100米。

Arms of SOF

⊖ 机枪在1500米以外的距离仍然具有杀伤力,100米以内则可以贯穿1厘米左右的装甲板。

CHAPTER 14.

轻武器（14）

特种部队专用狙击枪简介

狙击步枪大多数是栓动式步枪，不过近些年半自动步枪的身影出现得越来越频繁，原因在于只要扣动扳机即可击发下一发子弹，能迅捷地应对多个目标。

此外，美军的陆军班里会配备神枪手[一]（优秀射手），兼任狙击手和普通步兵的任务，而他们的武器——DMR[二]（精确射击步枪）也是出于主要用于近战的考虑才选用了半自动枪械。

▶ 使用 SR-25 SWS[三] 狙击步枪的美国陆军特种部队士兵。SR-25 是骑士装备公司（KAC, Knight's Armament Company）设计、制造的狙击枪，与 M16 一样采用气动运作方式，使用 7.62 毫米 × 51 毫米北约标准弹。为了提高命中精度，该枪采用了枪管与枪托分离的自由浮置式枪管结构，枪口可以加装抑制器。

Arms of SOF

▶ 图为美国陆军特种部队开发的 SPR MK12 狙击步枪，它最大的特征是为了避免护手影响枪管，该部分被设计成了释放火药燃气的开孔套筒。自由浮置式枪管结构需要精度极高的加工技术，只能用在专用步枪上。

[一] 神枪手：未经过正规狙击手的高强度培训，但是接受过比普通士兵更高级的射击训练，射击技能介于普通士兵与狙击手之间。

[二] DMR：Designated Marksman Rifle 的首字母缩写，此类枪支是普通制式自动步枪加装特制枪管而成，可以和普通枪支共用 7.56 毫米和 5.56 毫米口径的子弹。

[三] SWS：Sniper Weapon System 的首字母缩写。

【武器】Arms of SOF

●抑制器

加装于枪口的抑制器可以分为消焰器、制退器、消音器三个类别。

消焰器：分散减轻击发弹头时从枪口喷出的光焰。还有兼具减轻反坐力的枪口制退功能的消焰制退器。

制退器：全称为"枪口制退器"，在弹头离开枪口前，通过枪口制退器向周围释放出高压气体，从而达到减轻压力、抑制反坐力的效果。

消音器：通常说的消音器指的是释放出子弹击发时产生的高压燃气，从而降低喷射音的装置，并不能完全消除枪声。

消焰器

缩短M16枪管后定型的XM177步枪，为了有效抑制发射焰，加装了大型号消焰器。

制退器

加装了大型制退器的麦克米伦（现为哈里斯）M87R狙击步枪。

（下）第二次世界大战中的名枪——李-恩菲尔德 SMLE Mk.Ⅲ，加装消音器后进行特种作战时，消音效果极为显著。

枪管上开出大量小孔用于释放火药燃气

在抑制器的内部，弹头经过的部位设有用带小孔的隔板，将这个部位分割成多个气室，击发时产生的高压燃气在气室内经过连续扩散后逐步降低压力，等弹头脱离抑制器的时候，空气不会产生剧烈振动，因而形成了良好的消音效果。

CHAPTER 1

15. 轻武器（15）

俄军特种部队专用枪械的特征

▼阿尔法小组（野战装备）的轻武器

插图是 2005 年左右俄军阿尔法小组的野战装备，右边队员身穿虎纹（绿色）迷彩的全套战斗服，外套 KORUND-BM/BM-K 型野战防弹服，配有 PARTIZAN 索具，手握 AN-94 "阿巴坎" 突击步枪，这就构成了全套单兵装备。左边队员身穿 Gorka-E 全套战斗服，外罩植物（flora）数码迷彩的 KORUND-BM/BM-K 防弹服，所持武器为 PKM 通用机枪。

【武器】Arms of SOF

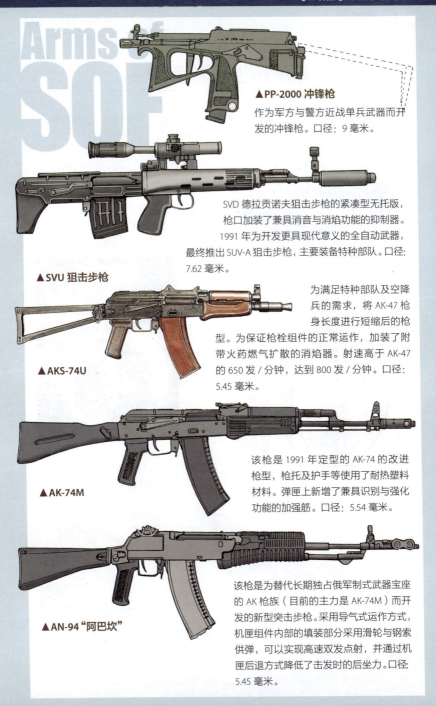

▲ PP-2000 冲锋枪

作为军方与警方近战单兵武器而开发的冲锋枪。口径：9 毫米。

▲ SVU 狙击步枪

SVD 德拉贡诺夫狙击步枪的紧凑型无托版，枪口加装了兼具消音与消焰功能的抑制器。1991 年为开发更具现代意义的全自动武器，最终推出 SUV-A 狙击步枪，主要装备特种部队。口径：7.62 毫米。

▲ AKS-74U

为满足特种部队及空降兵的需求，将 AK-47 枪身长度进行短缩后的枪型。为保证枪栓组件的正常运作，加装了附带火药燃气扩散的消焰器。射速高于 AK-47 的 650 发 / 分钟，达到 800 发 / 分钟。口径：5.45 毫米。

▲ AK-74M

该枪是 1991 年定型的 AK-74 的改进枪型，枪托及护手等使用了耐热塑料材料。弹匣上新增了兼具识别与强化功能的加强筋。口径：5.54 毫米。

▲ AN-94 "阿巴坎"

该枪是为替代长期独占俄军制式武器宝座的 AK 枪族（目前的主力是 AK-74M）而开发的新型突击步枪。采用导气式运作方式，机匣组件内部的填装部分采用滑轮与钢索供弹，可以实现高速双发点射，并通过机匣后退方式降低了击发时的后坐力。口径：5.45 毫米。

16. 手雷

从杀伤性到非杀伤性，种类繁多

◀ 投掷 Mk3 进攻手雷的美军士兵。进攻手雷利用内装的 TNT 炸药爆炸产生的气浪（爆炸力）杀伤敌人，杀伤半径比散布金属片的破片手雷小，近战时可以避免波及己方人员。

●破片手雷

借助爆炸的力量向四周散布金属片，从而杀伤敌人。由于杀伤半径较大⊖，投弹手在有可藏身的掩蔽物时方可使用。

▼M26 破片手雷

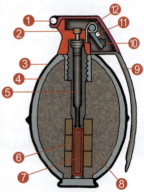

❶ T 型挂钩
❷ 雷管
❸ 外壳
❹ 钢丝缠绕的预制刻槽破片套
❺ 引信
❻ 起爆药
❼ 延时引信
❽ 炸药（TNT 炸药）
❾ 保险杆
❿ 撞针
⓫ 保险栓
⓬ 撞针弹簧

▲ M26 手雷的后续型号 M67 破片手雷。照片中手雷内部尚未装炸药，可以清晰地看到外壳内侧的样子。

右手投掷持雷

左手投掷持雷

一般手雷采用主手投掷方式，上方照片对比了左右手投掷时不同的持雷方式（为便于拔出安全栓）。右侧的插图是左右手均可安全投掷的手雷设计方案，只要旋转黑色力臂即可解除安全杆的保护装置。

⊖ 杀伤半径较大：目前日本自卫队使用的 M26 手雷的有效杀伤半径为 15 米左右。据说，投弹手掷出手雷卧倒后，只要手雷爆点不在 3 米之内基本上不会遭到波及。

【武器】Arms of SOF

手雷在近战中的效果绝佳，军方利用手雷爆炸产生的气浪与破片杀伤隐藏在战壕、隐蔽所、建筑物内的敌人。此外，手雷也可用于破坏敌方武器及设施。

手雷的种类繁多，根据用途，军用手雷大体上可以分为爆炸手雷（进攻手雷）与破片手雷（防御手雷），或者根据引信的击发方式（触发引信和延时引信）进行分类。与之不同的是，警用手雷仅仅根据用途分类即可。

●警用非致命性手雷

警察系统的特种部队使用的手雷和战场上普通士兵使用的手雷截然不同。警察必须以逮捕罪犯为第一目标，同时不得波及附近的民众，所以无论是多么凶残的罪犯，警察都不会轻易对其使用杀伤性手雷。因此，爆炸时产生闪光、爆音之类的特种闪光/震爆手雷，或者释放催泪瓦斯及橡胶弹头的非杀伤性手雷成为警察的首选。这类非杀伤性手雷也是镇压暴动时的武器。

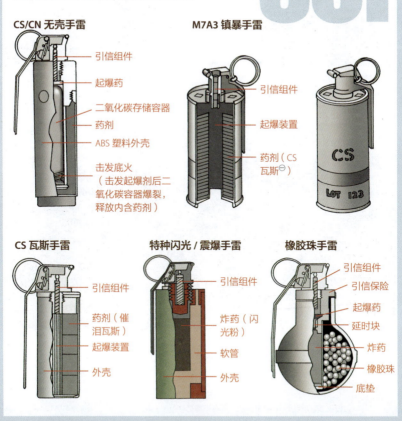

⊖ CS 瓦斯：一种催泪瓦斯。

17. 炸药

可应对多种情况的必选项

战斗中可以灵活应对多种情况的炸药是不可或缺的武器，特种部队通过专业课程培训队员使用炸药的技术。其中，用途最广泛的炸药是 TNT⊖ 和塑胶炸药⊖。

此外，特种部队成员还要接受相关培训，以确保能在战地利用身边的材料制作简易炸弹。

▲ TNT 炸药威力巨大却敏感度低，稳定性极高，一般的冲击与摩擦无法引爆它。因此，引爆时必须配备起爆装置或引信（大威力传爆药）。

▲ 塑胶炸药可以用刀切割成所需大小，可以像黏土一样随意塑形后使用，在破壁开孔、破坏房门时可以有效调整爆炸威力。

▲ 美国陆军特种部队成员正在室内反恐训练屋⊖实施室内突击训练中的房门爆破作业——在门锁处安装塑胶炸药，通过导火索进行引爆。炸药广泛应用于反恐作战或者剿灭建筑物内残敌等场景，美军的塑胶炸药——C4 的大名可以说无人不知。

⊖ TNT：Trinitrotoluene 的简称，用三硝基甲苯制成的炸药。
⊖ 塑胶炸药：该炸药的材料并非树脂，而是指其形状可塑。美军的 C4 包括型号为 M5A1、M112 等多个种类。
⊖ 室内反恐训练屋：巷战训练时用于模拟战地建筑物的训练设施。

【 武器 】Arms of SOF

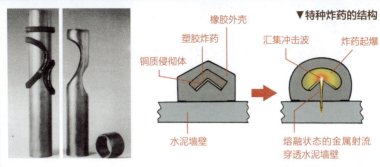

照片上是 BAE 系统公司生产的特种聚能炸药，是以黑索金（RDX〇）为主要成分的塑胶炸药（DEMEX2000），内部包覆 V 字形的铜质侵彻体，最外层为橡胶质感的外壳，整体外形加工成绳索状。起爆之后在"门罗/诺伊曼效应"的作用下，发射出高温高压的金属射流切断钢门或者水泥墙壁（如照片显示，爆炸索接触的部分被齐根切断）。所谓的门罗/诺伊曼效应，指的是金属侵彻体将爆炸冲击能聚集成束的现象，V 字形金属罩会产生门罗效应，而铜质侵彻体则会产生诺伊曼效应。

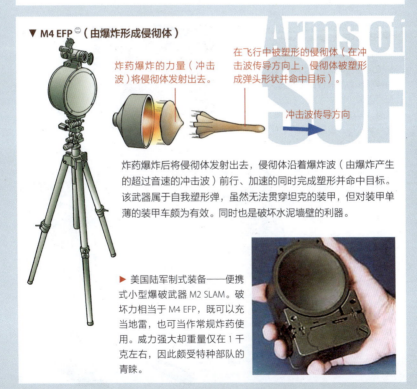

炸药爆炸后将侵彻体发射出去，侵彻体沿着爆炸波（由爆炸产生的超过音速的冲击波）前行、加速的同时完成塑形并命中目标。该武器属于自我塑形弹，虽然无法贯穿坦克的装甲，但对装甲单薄的装甲车颇为有效。同时也是破坏水泥墙壁的利器。

▶ 美国陆军制式装备——便携式小型爆破武器 M2 SLAM。破坏力相当于 M4 EFP，既可以充当地雷，也可当作常规炸药使用。威力强大却重量仅在 1 千克左右，因此颇受特种部队的青睐。

〇 RDX：Research Department Explosive 的首字母缩写，被称为黑索金。
〇 EFP：Explosive Formed Penetrator 的首字母缩写。

CHAPTER 1

18. 非致命性武器

警察系统特种部队的非致命性武器

虽然都属于特种部队，可是军方与警方的行事风格却大相径庭。

特警执行任务的指导方针是，在任何时候尽量避免人身伤亡，生擒犯罪分子，所以他们使用的并非是为了杀伤犯罪分子的武器，而是非致命性武器。

非致命性武器通过给人体造成短时间的痛苦而剥夺犯罪分子的反抗能力，痛苦结束后基本上不会留下后遗症。

经过无数次设计、开发，一种著名的电击枪——泰瑟枪，以及FN303胡椒弹成了非致命性武器家族的象征。

●电击枪（泰瑟X25）

电击枪是可以在瞬时（最长5秒）向目标施加高压电流，使目标在短时间内失去行动能力的非致命性武器。高压电流在瞬间即可切断大脑与肌肉之间的神经联络，即使是身体极其强壮的男性也会被当场击倒。虽然通电的时候目标会痛苦得满地打滚，但是基本上不会留下后遗症。美国军警使用的泰瑟X25，扣动扳机后枪口会射出两根连着电极的探针，拖着通电的导线，命中目标的瞬间就会施加数万伏的高压电流。由于泰瑟X25的射程只有7.5米，所以只能近距离使用。

◀ 无论多么强壮的男子，在泰瑟枪下也会瞬间动弹不得。

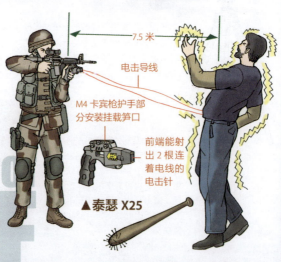

▲ 泰瑟X25

【武器】Arms of SOF

● FN303 非致命性武器系统

比利时 FN 赫斯塔尔公司开发的 FN303 能发射非致命性子弹,属于使用压缩空气发射特殊子弹的气枪。旋转弹巢可容纳 15 发附带稳定尾翼的球形子弹,不同的颜色代表不同的弹种(白色为训练/冲击弹,红色为墨水弹,黄色为无法清洗的墨水弹,橙色为胡椒弹)。最大射程为 100 米,最佳射程为 50 米左右。命中目标时弹丸破裂,将内部填充的液体洒向四周。例如胡椒弹里填充的是辣椒提取液,目标遭到覆盖后会无法睁眼,一旦吸入肺中就会剧烈咳嗽无法行动。不过,据说这些临时压制效果不会带来任何后遗症。

▲ FN303 的旋转弹巢后侧使用了透明盖板,可以直接确认弹种和余量。照片中的弹巢内应该是红色墨水弹。

▼ 下面的照片可以看清楚 FN303 的外形。枪身右侧挂载的巨型圆筒就是压缩空气罐,一次充气可支持 110 次发射。拆除手柄和枪托后,可以在下方加装突击步枪的枪管。

CHAPTER 2

Individual Equipments of
SOF

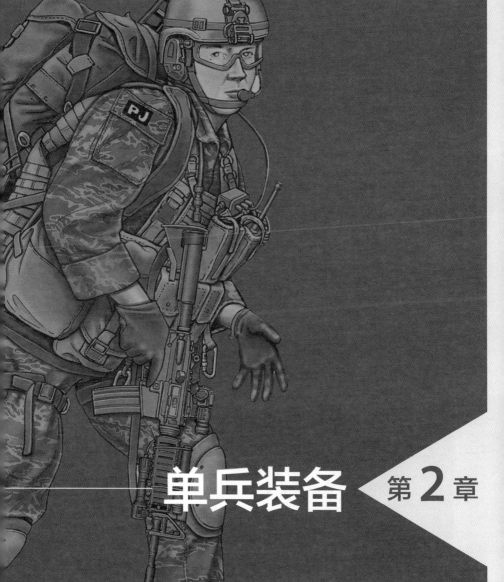

单兵装备

第2章

除了武器之外,特种部队人员还需要其他众多辅助装备。在这一点上,不同国家、不同任务,还有军队和警察之间迥然不同。近年来,随着新型战斗装备的开发,各种高科技装备也纷纷问世。

本章在图解各国特种部队单兵装备的同时,也会对降落伞及潜水装备等颇具特种部队色彩的装备进行揭秘。

CHAPTER 2

01. 美国特种部队（1）

绿色贝雷帽是精锐的代名词

美国陆军特种部队绿色贝雷帽，是一支优秀的战斗部队，这支部队同时也兼负向友军军队传授特种作战、反游击战知识的重任。越战期间，由绿色贝雷帽编组、训练的民兵自卫队（CIDG㊀）曾经与北越正规军等展开过激战。

绿色贝雷帽这个外号源自于1961年约翰·F.肯尼迪将其作为正式军装，此后就成了特种部队精英的代名词。

▲照片中的绿色贝雷帽队员在阿富汗执行被称作诸如"特种侦察／特种行动"的袭击行动等任务。据说在2001年开始的阿富汗冲突中，绿色贝雷帽在反塔利班北部同盟部队里进行战术训练。

▲单兵携行具（M1956 LCE）

单兵携行具（M1956 LCE㊁）从越战时期开始就是美军标准单兵装备，经过改良后使用全尼龙材料的M1967 MLCE㊂（M1956 LCE的主要材料是棉布）。

❶ H型背带　❷ 手枪带　❸ 水壶　❹ 弹匣包
❺ 指南针包　❻ M7刺刀　❼ 挖掘工具（折叠式手锹）袋　❽ 野战背包

㊀ CIDG：Civilian Irregular Defense Group 的首字母缩写，由越南中部山岳地带少数民族组成的民兵部队，在美军指挥下参与军事活动。
㊁ LCE：Load-Carrying Equipment 的首字母缩写。
㊂ MLCE：Modernized Load-Carrying Equipment 的首字母缩写。

【单兵装备】Individual Equipments of SOF

●早期的绿色贝雷帽

早期的绿色贝雷帽队员，头戴标志性的绿色贝雷帽，身穿热带战斗服（TCU）和外套单兵携行具（M1956 LCE）进行战斗的身影。不同部队的贝雷帽上别着不同颜色的徽章。

❶ TCU 军服 ❷ 背带 ❸ 手雷 ❹ 弹匣包 ❺ 手枪带 ❻ 水壶 ❼ TCU 军裤 ❽ 丛林战靴 ❾ M1 卡宾枪

▼TCU ⊖

TCU（被戏称为丛林苦役服的热带丛林战斗服）是美国陆军开发并装备的军服，于1967年在越南投入使用。该军服设计时考虑到热带丛林这种特殊环境，具有轻量、透气性良好、速干性等特点，颜色极易融入丛林背景中。TCU可分为早期型号、中期型号、后期不开裂（No Rip）与后期防开裂（Rip Stop，做过防止撕裂加工的布料）等4种。

⊖ TCU：Tropical Combat Uniform 的首字母缩写。

CHAPTER 02. 美国特种部队（2）

为特种部队开发的单兵装备

沙法利兰公司开发的装具承载系统（SPER⊖-ELCS⊖）原本就是为特种部队量身定做的单兵装备，PALS⊜（附包挂载梯形系统）的模块化设计可以根据任务任意组合挂载单元，包括身穿装具承载系统、模块式整体个人无线通信头盔（MICH⊛）、BLCS防弹服等，这些构成一个完整的单兵装备系统。

▶身穿装具承载系统的绿色贝雷帽队员

（2002年前后的巡逻装备）

专为特种部队量身打造的单兵装备系统——装具承载系统（SPER-ELCS），兼具轻量化、合身性和防护性。2001年，美国陆军将模块轻型装载设备（MOLLE⊛）列入制式装备以后，随着民营品牌积极参与单兵装备的开发，以特种部队为首的单位开始尝试性地使用此类装备。以此为契机，不单是特种部队，美国陆军整体的单兵装备都出现了巨大的改变。

⊖ SPER：Special operations force Personal Equipment advanced Requirements 的首字母缩写。
⊖ ELCS：Equipment Load Carrying System 的首字母缩写。
⊜ PALS：Pouch Attachment Ladder System 的首字母缩写，护肩和护胸板上缝制大量的束带，可以增加各种各样的挂载包。
四 MICH：Modular Integrated Communications Helmet 的首字母缩写，专为特种部队开发的可挂载耳机的头盔，如今已经成为普通士兵的装备。
五 MOLLE：Modular Lightweight Load-carrying Equipment 的首字母缩写。

【单兵装备】Individual Equipments of SOF

插图为队员执行两到三日的侦察/巡逻任务时使用装具承载系统（SPER-ELCS）携带的装备及物资。

❶ 护肩部挂载 ❷ 护胸板挂载：可插入防护板、附带挂载束带 ❸ 腰带挂载：皮带卡扣采用快拆扣，护肩、背心板、腰带构成了挂载系统的基础结构 ❹ M4弹匣包 ❺ 水壶：外罩左侧附带净水剂容器包 ❻ 大型通用包：可保存弹药等多种物资，图中携带的是12发40毫米榴弹 ❼ 小型多用途包：可以存放指南针或急救药物 ❽ 多用途弹药包：一般可存放弹药或弹匣 ❾ 匕首 ❿ 贝雷塔M9及枪套 ⓫ 大型多用途包：可存放夜视仪及医药品 ⓬ 收音机包 ⓭ AN/PVS-14夜视仪（收纳于多用途弹药包） ⓐ 信号镜 ⓑ 加热片：加入水可以加热军用口粮（MRE）的加热包 ⓒ 装军用口粮的密封袋：可从军用口粮套餐中选择合口味的食物（2~3人份）ⓓ 野外生存工具：针、线、刮胡刀片、止血贴等 ⓔ 防水火柴 ⓕ 防虫软膏 ⓖ 食盐片剂 ⓗ 手电 ⓘ 药品（阿司匹林等药品）ⓙ 急救绷带

CHAPTER 2
03. 美国特种部队（3）

陆海空三栖作战的海豹突击队的野战装备

美国海军特种部队海豹突击队（SEALs⊖）是名副其实的陆海空三栖特种作战部队，因此他们兼用陆军与海军陆战队的野战装备。

图为头戴经典全切头盔，身穿森林迷彩战斗服，正在进行陆战训练的海豹突击队队员（2006年前后的照片）。从2007年开始，海军作战服均采用了数字迷彩，而在训练时依旧使用森林迷彩服。

从模块化面板到专用包（两个包缝制成一个护板的结构）都能迅速穿脱，根据任务要求进行携带装备的组合。❶护肩 ❷指南针/急救包 ❸弹匣包 ❹束带卡扣 ❺专用包卡扣 ❻模块化面板 ❼装备穿脱快拆扣 ❽固定战术背心的快拆扣

▼特种作战专用模块化突击背心（SOMAV⊖）

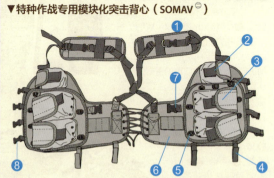

⊖ SEALs：取 Sea（海）、Air（空）、Land（陆）之意，与海豹（seal）一词谐音。
⊖ SOMAV：Special Operations Modular Assault Vest 的首字母缩写。

【单兵装备】Individual Equipments of SOF

● 海豹突击队野战战斗装备

插图是 20 世纪 90 年代身穿野战战斗装备的海豹突击队队员，战斗迷彩服外面套的是 20 世纪 80 年代后期开发的特种作战专用模块化突击背心。这款由伊格尔公司开发的突击背心成为海豹突击队的代表性装备，颇受当时为美国陆军士兵开发的单兵装备系统（IIFS ⊖）的核心——战术承载背心（TLBV ⊖）的影响。手握的 M4A1 卡宾枪是可挂载霰弹发射器型号。M4A1 枪管下方是可 12 连发的雷明顿 M870 霰弹枪，通过导轨界面系统（RIS ⊖）完成挂载，它在丛林战中可发挥重要作用。

❶ 丛林帽 ❷ 特种作战专用模块化突击背心 ❸ 爱丽丝（ALICE）弹匣包 ❹ 丛林突击靴 ❺ 森林迷彩战斗服 ❻ M4A1 卡宾枪和"万能钥匙"（雷明顿 12 连发霰弹枪）

⊖ IIFS：Individual Integrated Fighting System 的首字母缩写。
⊖ TLBV：Tactical Load Bearing Vest 的首字母缩写。
⊖ RIS：Rail Interface System 的首字母缩写。由骑士装备公司开发的导轨护手，可挂载多种功能性附件。

CHAPTER 2
04. 美国特种部队（4）

海豹突击队的反恐作战装备

海豹突击队于 20 世纪 80 年代后期开始接受反恐训练，目的在于保护位于中东的石油开采平台等重要设施。1991 年海湾战争中，海豹突击队甚至利用真正的采油平台，模拟从恐怖分子手中夺回石油开采设施的场景，进行实地演练。

当时，还未出现为特种部队专门开发的反恐装备，队将手中有限的步兵装备进行改良，再加以运用。

● 海豹突击队反恐作战室内突入时的单兵装备（小组指挥官）

当时，由于海豹突击队队员必须身负多种反恐战斗装备，导致负担重量达到极致，甚至出现擅长游泳的队员落海溺水的情况。因此，救生衣或者救生圈等成了必须携带的装备。插图是反恐小组指挥官的装备，大部分和普通队员相同，唯一不同的是指挥官的头盔附带头戴式耳机和通话器（附带通话系统的头盔），通过随身携带的步话机对小组成员直接发出指示。假如身处嘈杂的环境，还可以使用备用的喉部麦克风。

【后方】

【单兵装备】Individual Equipments of SOF

▼队员用头盔

普通队员使用的头盔类似美式足球比赛头盔，材质为工程塑料。

❶ 头盔 ❷ UDT 救生衣 ❸ 防弹衣（附带浮力袋）❹ 便携式 XM300-R 型无线电 ❺ 弹匣包：内装烟雾手雷、低杀伤力手雷等 ❻ 水壶 ❼ 手雷袋：内装闪光/爆震手雷等 ❽ 挂载索具 ❾ 手枪及枪套 ❿ 枪伤急救包 ⓫ 防毒面具容器 ⓬ 步话机端子接口 ⓭ V 类药剂盒 ⓮ 近战（CQB）突击背心 ⓯ 防弹衣救生圈压力调整阀 ⓰ SH60 耳机 ⓱ 空中人员回收挽具：由直升机放下吊索扣住铁环实施空中回收时使用 ⓲ 弹匣包（用于 MP-5 冲锋枪的 30 发弹匣）⓳ MP-5 冲锋枪（当时的近战利器）⓴ 芳纶材质的突击作战服 ㉑ 突击战靴 ㉒ 一次性手铐 ㉓ 多功能包：可存放频闪观测器等 ㉔ 救生衣浮力调节管
（❹ ⓭ ⓲ ㉓ 由魔术贴固定在 ⓮ 近战突击背心上）

【前方】

CHAPTER 2
05. 美国特种部队（5）

在与恐怖分子的较量中诞生的 CQB 装备

2001 年 9 月在美国各地同时发生多起恐怖袭击（9·11 事件）之后，具有极高的战斗素养，能够执行多种任务的特种部队得到了更多人的关注。

与此同时，步兵武器及装备的开发热火朝天，多家企业自行为特种部队量身开发、定制了不少新装备。

在这个潮流的影响下，海豹突击队的近战装备更新换代后越来越接近实战任务需求。

在 DDG-79 导弹驱逐舰的飞行甲板上，海豹突击队队员采用直升机索降的方式，开启近战训练的第一步（2005 年前后的照片）。队员们身穿 Paraclete 公司生产的防弹战术背心。此外，右侧插图中的近战装备，是美军在 2010 年前后开始使用的型号。

【单兵装备】Individual Equipments of SOF

● 海豹突击队近战装备

插图为登船作战时使用的近战装备，使用场景设定为美国海军舰艇遭遇恐怖分子攻击、美国船只遭到劫持、对可疑船只进行临检等情况下，在船舱内与恐怖分子短兵相接的战斗。

❶ PRO-TEC 公司生产的经典全切头盔（防水加工）❷ 护目镜（空降中使用）❸ 面板式弹匣包 ❹ Paraclete 公司生产的防弹战术背心：夹层可插入陶瓷防弹板，背心分为身体前后两个部分，表面缝合束带，可以加挂模块化轻量负载装备（插图中去掉了防弹插板，作为各种物资存放包使用）❺ 芳纶材质的突击战服 ❻ 救生圈 ❼ 直升机空气呼吸器（HABD⊖）：紧急供氧装置（插图仅仅展现了呼吸嘴的部分，背后还有小型氧气瓶）❽ 爱丽丝式弹匣包 ❾ 挂载索具 ❿ 沙发里兰（Safariland）公司生产的 6004SLS 手枪套（可以在主吊带和腿板悬挂的模块化手枪套）⓫ 奥塔公司生产的护膝（有些队员也会选择使用护肘）⓬ HITEC 马格南战靴 ⓭ M4A1 卡宾枪 ⓮ 指南针包 ⓯ AIMPOINT 公司生产的 COMP M2 红点瞄准镜 ⓰ 麦克风/无线电台

⊖ HABD：Helicopter Air Breathing Device 的首字母缩写，原本是海军直升机驾驶员在海面迫降时使用的紧急供氧装置，可供氧 3 分钟左右，帮助士兵从沉入海中的机体逃生，目前已经成为美国海军以及陆战队特种兵舰上作业的标准装备。

CHAPTER 2

06. 美国特种部队（6）

新型作训服与战斗服也使用数字迷彩

● **美国海军新型作训服**

新型作训服的上衣和裤子均为尼龙纯棉 50/50 的混纺面料，上衣前襟有 5 个隐藏式纽扣，裤子为工装口袋裤款式，裤边部分的衬里内藏橡皮圈，穿军靴时可折叠裤脚并固定后放入靴内。新型作训服和以往最大的不同在于，外观上使用了与作战服（BDU⊖）相同的设计，增加了数字迷彩图案。迷彩共有三种，第一种以蓝色为基调（亮蓝色、浅蓝色、海蓝色、深蓝色），官方并未把这种颜色命名为第一类，而是统称为海军作训服（NWU⊖），作为舰上执勤的专用服装。第二种以棕色为基调（棕褐色、暗黄色、棕色、暗棕色），也就是沙漠迷彩。第三种以绿色为基调（棕褐色、卡其色、绿色、黑色），可以在森林与非沙漠地带使用，未来会成为在陆地服役海军人员的标准作训服。第二、三种数字迷彩图形虽然在外观上和陆战队的作战服中的海军迷彩（MARPAT⊖）极为相似，细看还是能够发现不同之处。

▲ 出于有可能在海岸地区与敌交火的考虑，2007 年开始下发的数字迷彩作训服直接采用了性能更好的战斗服外形。作训服的上衣、裤子、棉质衬衣、黑色袜子、快拆扣腰带、黑色光面皮靴、八角作训帽、美国海军（U.S.NAVY）标牌、姓名标牌、军衔以及兵种章（均为布质）是一套单兵基本配置。此外，根据作战地区司令官的指示，还可以下发带罩衣的防寒皮风衣、半高领羊毛衫、针织水手冬帽等装备。

第一种　第二种　第三种

▲ 数字迷彩图案中暗藏美国海军军徽和文字。

⊖ BDU：Battle Dress Uniform 的首字母缩写。
⊖ NWU：Navy Working Uniform 的首字母缩写。
⊖ MARPAT：MARine PATtern 的简称。

【单兵装备】Individual Equipments of SOF

●美国海军新型战斗服

美国陆军自 2010 年起将行动迷彩（OCP[⊖]）战斗服作为优先物资提供给阿富汗驻军。在设计上与目前的战斗服截然不同，令人耳目一新。负责设计的是美国 CP（CRYE PRECISION）公司，他们借鉴美国陆军的行动迷彩战斗服完成了海军战斗服（战斗服上衣与裤子）设计，并开始供货。美国海军新型迷彩服中，使用第二种图案的型号叫作 AOP-1，使用第三种图案的型号叫作 AOR-2（即右侧插图中的款式）。成为海豹突击队的制式装备之后，这几款战斗服名声大噪，使用了尼龙、纯棉、氨纶等材料。

战斗服上衣

❶ 开襟采用拉锁开合的中式圆领，领口图案也进行了迷彩设计 ❷ 加厚肘衬可插入护肘垫 ❸ 袖口使用了可收缩魔术贴 ❹ 为适应躯干穿戴其他战斗装备，采用兼顾伸缩性、通气性、吸水性、速干性的加工工艺 ❺ 两臂加装了带盖贴袋

▼ 身穿 AOR-1 战斗服的海豹突击队员

战斗裤

❶ 腰带采用魔术贴进行固定 ❷ 前裤袋 ❸ 无褶工装口袋 ❹ 膝上口袋 ❺ 为便于膝部及腰部动作而使用了可伸缩性材料 ❻ 用于固定插入式护膝的魔术扣 ❼ 护膝插入口 ❽ 小型口袋 ❾ 裤脚固定扣 ❿ 护膝插入部位 ⓫ 护膝口盖布（拆除护膝后可以盖住开口）⓬ 护膝（使用新型材料）⓭ 该部位可以固定护膝 ⓮ 膝上口袋后面是护膝固定挂绳

⊖ OCP：Operation Camouflage Pattern 的首字母缩写。CP（CRYE PRECISION）公司开发的复合迷彩。

美国特种部队（7）

反恐特设部队——DEVGRU

　　海豹突击队是美国海军特种作战司令部下辖的部队，分为2个特战群⊖，共8个分队。其中第六分队是反恐特设部队——海军特种作战研究大队（DEVGRU⊜），它自成一系，受美国联合特种作战司令部（JSOC⊜）管理。

　　海军特种作战研究大队作为海上反恐力量，专门夺取被恐怖分子占据的石油开采平台、舰船、海港设施等，于1980年以海豹突击队第二分队为基础创建，并于1987年改名为海军特种作战研究大队。对外宣称是海陆空战术与技术的实验、开发部队，据说除了反恐作战之外，还负责执行秘密任务。

　　原本保密等级极高的海军特种作战研究大队，在2011年5月执行了暗杀本·拉登的任务之后，部队装备等部分情报也公之于众。

身穿AOR-Ⅰ作战服与作战裤的海豹突击队队员正在阿富汗进行搜查行动。

⊖　2个特战群：第一特战群包括第一、三、五、七分队和第一运输分队。第二特战群包括第二、四、八、十分队和第二运输分队（第九分队尚未成建制）。
⊜　DEVGRU：Development Group的简称（正式名称为United States Naval Special Warfare Development Group）。
⊜　JSOC：Joint Special Operations Command首字母缩写，负责指挥、运作SOCOM（特战部队）下辖的高机密等级的特种任务部队。

【单兵装备】Individual Equipments of SOF

● 海军特种作战研究大队装备

插图是 2011 年参加美军"海神之矛"行动的海军特种作战研究大队队员。通常情况下,海豹突击队队员会头戴巴拉克拉法帽。

❶ GPNVG-18 夜视仪：4 个独立图像亮化器以全景方式排列,可使观察者获得广阔的视野和图像层次感 ❷ OPS-CORE 公司的 FAST 系列平滑槽高切头盔 ❸ 射击护目镜 ❹ 战术指挥（COMTAC）3 型耳麦：可以阻隔环境背景音,收听清晰的无线电对讲音 ❺ 水分补给系统软管 ❻ AOR-1 海军作战服 ❼ 指挥官专用包：可收纳地图、文具、指南针等装备 ❽ 一次性手铐 ❾ 弹匣包 ❿ 步话机包（AN PRC-148 MBITR 型步话机） ⓫ 小型包 ⓬ Mk.12 Mod.2 特种步枪 ⓭ AOR-1 海军作战裤 ⓮ VASQUE（威斯）公司生产的 GTX 战靴 ⓯ 水壶包 ⓰ 无线电功能天线 ⓱ 多用途包 ⓲ LBT-6094 防弹版携行装具 ⓳ 控制箱（微型 C40PS） ⓴ 战术手套 ㉑ 西格绍尔 P226 手枪 ㉒ 麦克风 ㉓ 夜视仪挂载

CHAPTER 2

08. 美国特种部队（8）

拥有空中力量的地面特种部队

1987年，美军陆海空第三军特种部队在"ANY TIME ANY PLACE（无时无刻，无处不在）"的精神感召下，转调至美国特种作战司令部（USSOCOM）麾下。受此影响，美国空军也于20世纪90年代初期将空中运输部队（MAC⊖）下辖的空军特种部队独立出来，组建了空军特种作战军团（AFSOC⊖）。

空军特种作战军团下辖第1特种作战飞行团（主力部队，还兼任特种作战飞机的维护与运作）、第24特种作战飞行团、第27特种作战飞行团（空军特种部队的地面力量）、第352和第353特种作战群、第361情报·警戒·侦察群、美国空军特战中心、州空军第193特战飞行团、预备役第919特种作战飞行团等部队。

空军特种作战军团的主要任务包括战时作战任务（战时特种作战）、人质救援、反恐作战等多个项目，作战地域跨度极大。此外，向美国陆军、海军特种部队提供空中支援也是其重要任务之一。

照片里的EC-130J特种飞机，肩负着战时从空中撒传单和利用电视广播信号打击敌国士兵与国民士气的心理战任务。EC-130E因在伊拉克战争中对伊拉克国营广播电台实施电波劫持而声名大噪，作为其后继机型的EC-130J于2008年列装美军，6叶后掠角螺旋桨、垂直尾翼天线都是该机型最引人注目的特点。该机主要在美军夺取了制空权的敌方空域活动，抢险救灾时可扮演信息收集或者广播、转播平台之类的角色。目前在美军第193特种作战飞行团服役。

⊖ MAC：Military Airlift Command 的首字母缩写。
⊖ AFSOC：Air Force Special Operations Command 的首字母缩写。

【单兵装备】Individual Equipments of SOF

照片是在第1特种作战飞行团服役的CV-22鱼鹰倾转旋翼机，它可以像直升机一样进行垂直起降、空中悬停，而且巡航时速超过400千米，是特种部队极为重要的武器平台。

▲ 作战指挥小组（CCT⊖）的主要任务是确保己方空降突袭时的飞行跑道受到航空管制，因此必须在己方空降突袭前潜入敌后，以武力夺取己方飞机降落时的飞行跑道，或者诱导己方飞机进入安全LZ⊖（着陆点），一言蔽之，相当于海港里的引水员。此外，特种部队（或一般部队）在作战时进行有效的地空交通管制，确保地面部队在展开时能及时得到空中支援也是其职责之一。

⊖ CCT：Combat Controller Team 的首字母缩写。
⊖ LZ：Landing Zone 的首字母缩写。

CHAPTER 2
09. 美国特种部队（9）

具有强大作战能力的空军伞降救援队

美国空军特种部队中，地面力量最强的非第720特种战术群（720thSTG）下辖的4个特种战术连（STS⊖）莫属。各特种战术连分别由战斗管制班（CCT）、战斗气象班（CWT）和伞降救援队（PJ）3个部门组成。而伞降救援队的主要任务是战斗搜救（CSAR⊖）——乘坐直升机等交通工具深入敌后，搭救迫降或者负伤的飞行员、船员，并完成急救及人员运输。有时他们甚至要在枪林弹雨中空降敌后，当场进行气管切开手术，或者为了止血而进行开腹手术。为了能在任何状况下救助己方人员，伞降救援队队员必须具备相关的多领域知识与技能。

伞降救援队队员当前的装备（2014年至今）。头戴MICH2001头盔（无侧面导轨），身穿CP公司生产的G3战斗服与战斗裤，外套同为CP公司的伞降携板背心（JPC）。一些队员也会选择OPS-CORE公司的FAST系列平滑槽高切头盔。

⊖ STS：Special Tactics Squadrond 的首字母缩写。
⊖ CSAR：Combat Search And Rescue 的首字母缩写。

【单兵装备】Individual Equipments of SOF

伞降救援队队员的装备▼

插图是 2009 年前后的美国空军伞降救援队队员,除了枪支弹药和步话机之外,还需要携带医疗用品,简直不亚于重型装备。身着的空军作战服(ABU⊖)上的迷彩应该是和 2007 年列装的虎纹迷彩极为相似的数字迷彩图案,一般来说这属于作训服而非作战装备。今天,包括伞降救援队在内的美国空军特种部队使用的是复合迷彩作战服。

❶ TC-2001 头盔 ❷ 头盔挂载式 AWS 夜视仪 ❸ 吊杆麦克风 ❹ 突击队员侦察胸挂 ❺ 接线匣:耳机或无线电台等接口连接、转换部位 ❻ 单兵便携式无线电台:用于班组及直升机之间的通信,目前使用的是 ICOM ICF3 型 ❼ 饮水系统软管 ❽ 弹匣包 ❾ 瞄具 ❿ M4A1 卡宾枪 ⓫ AN/PEQ-2 ITPIAL 红外线瞄具/目标指示器/激光瞄准器 ⓬ 护膝 ⓭ 突击战靴 ⓮ 战术手电 ⓯ 空军作战服的数字迷彩图案 ⓰ 挂载索具 ⓱ 小型医药品包:存放使用频率高的医药品 ⓲ 分体式背包:运输装备的载具 ⓳ 分体式背包:固定并搬运脊椎受伤人员的担架 ⓴ 小型医疗用品包 ㉑ 医疗用品背包 ㉒ 耳机

⊖ ABU:Airman Battle Uniform 的首字母缩写。

美国特种部队（10）

神秘的三角洲反恐特种部队

美军特种部队中有着唯一一支以"反恐战斗"为目的而创建的部队，名叫三角洲部队（第1特种部队三角洲作战分遣队）。创始人是美国陆军上校查理·A.贝克维斯㊀，由于拥有在英国陆军SAS（特种空降部队）交换勤务的经验，贝克维斯多次向美国国防部申明建立反恐部队的必要性，却多次遭到拒绝。饱经曲折磨难㊁之后，终于在1977年11月，以北卡莱罗纳州布拉格堡为大本营的三角洲部队横空出世。

在很长一段时间内，三角洲部队一直不为人知，直到1980年4月"鹰爪行动"㊂的失败才揭开了它的神秘面纱。其后，三角洲部队转调至美国联合特种作战司令部（JSOC）管理，1987年4月至今，转调到新成立的美军特战司令部（USSOCOM）。

由于三角洲部队参与了众多美国插手各国纷争的秘密活动，因此至今该部队的详细情况依旧包裹在重重迷雾之下，进行的多项任务也尚未解密。时至今日，美国政府甚至连三角洲部队的存在都未曾承认。

正在进行近战（CQB）训练的美国陆军特种部队队员。三角洲部队的一个作战单位约100多人，共有A、B、C三个作战连队，此外还有司令部、支援连队、通信连队、飞行排等单位。行动时仿英国第22特别空勤团建制，以四人小组为最小作战单位。

㊀ 查理·A.贝克维斯：首位通过英国第22特别空勤团选拔测试的美国人，于1962-1963年在该部队服役。

㊁ 曲折磨难：当时，美国的政府和军方对建立特种部队持消极态度。直到1977年10月，美军高层看到了汉莎航181号班机劫机事件中德国第9反恐大队突击营救的英姿之后，一改过去的方针，同意成立反恐特种部队。

㊂ "鹰爪行动"：1980年4月由三角洲部队执行的美国驻伊朗大使馆人质救援作战。

【单兵装备】Individual Equipments of SOF

◀三角洲部队队员的装备（1990 年）

在这个时期，三角洲部队的存在成了公开的秘密，甚至连训练内容也公之于众。插图是当时接受近战训练的三角洲部队队员的装备，战术背心是 EI（EAGLE INDUSTRIES）公司开发的战术背心，可以摁扣方式自由拆装 ❶ 收容包 ❷ SAS Mk.Ⅲ 腿部枪套 ❸ H&K MP5 冲锋枪，头戴凯夫拉防弹头盔（当时 MICH ⊖ 等型号尚未问世）。

▶三角洲部队队员的装备（2001 年）

在进行搜索、追击塔利班和基地组织的任务中，三角洲部队和美国中央情报局（CIA ⊖）为首的谍报机关派出了众多人手。其中绝大多数人为了在行动中保守机密，在穿着上故意混淆身份，令人无法区分是平民还是军人。插图是 2001 年前后在阿富汗展开行动的三角洲队员的装备。

❶ 墨镜：三角洲或陆军特种部队人员偏好欧克利（Oakley）公司的户外运动眼镜 ❷ 耳机 ❸ EI 公司的战术背心 ❹ 阿拉伯头巾：包裹头颈部的布（也叫阿富汗披肩）❺ 附件包 ❻ 手枪弹匣包 ❼ 弹匣包 ❽ 便服：身穿伍尔里奇（Woolrich）的战术上衣和工作裤 ❾ 靴子 ❿ 战术手枪及枪套 ⓫ 骑士 SR-16 突击步枪（AK-47 等也屡见不鲜）

⊖ MICH：Modular Integrated Communications Helmet 的首字母缩写。原本是专为特种部队开发的头盔，目前一般部队也在使用。
⊖ CIA：Central Intelligence Agency 的首字母缩写。

美国特种部队（11）

警察系统内的特种部队

美国的执法机构——警察组织虽然复杂，但大致可分为5部分：①美国联邦调查局（FBI[一]）和美国缉毒署（DEA[二]）等联邦政府警察部门；②州政府警察部门；③郡政府警察部门；④区市村警察部门；⑤特别警察组织（像大学警察那样权限只限定在特定场所和地区的警察单位）。据说，美国执法机构人员总数在2万左右，各单位规模不一，根据需要组建了特警部队。

特警的任务是处理普通警察无法应对的人质事件和暴恐犯罪，其中洛杉矶市警局的SWAT[三]（特殊武器与战术部队）和纽约市警局的ESU[四]（紧急勤务小组）赫赫有名。

FBI下属的人质援救小组（HRT[五]）的主要任务是预警和应对恐怖袭击事件，负责解决美国国内各特警部队无法处理的案件。据说该小组人员和三角洲部队、海军特种作战研究大队等反恐单位也保持着交流。照片是人质救援小组利用直升机机降的情况。

[一] FBI：Federal Bureau of Investigation 的首字母缩写。
[二] DEA：Drug Enforcement Administration 的首字母缩写。
[三] SWAT：Special Weapons and Tactics（Special Weapons Attack Team）的首字母缩写。
[四] ESU：Emergency Service Unit 的首字母缩写。
[五] HRT：Hostage Rescue Team 的首字母缩写。

【单兵装备】Individual Equipments of SOF

● **NYPD ESU**
纽约市警局紧急勤务小组

插图是纽约市警局特种部队——紧急勤务小组成员，紧急勤务小组总人数 400 名，除了人质救援及应对暴恐犯罪之外，还肩负着水难救援等多项任务。

❶ ACH 头盔 ❷ 圣灵公司生产的防弹服：由 20 种材料、34 层结构的防弹服，可加装防弹插板。防弹等级为ⅢA 级，可在 18 英尺的距离耐受 9 毫米及点 44 英寸口径子弹的冲击。装载于装备包连接系统（PALS）上 ❸ M4A1 突击卡宾枪 ❹ 红点瞄准镜 ❺ 全息瞄准器 ❻ 闪光灯 ❼ 工作带 ❽ 手枪套：纽约市警察可以使用格洛克 19、SIG Sauer P226、S&W 5946 等枪型，特许紧急勤务小组可以使用贝雷塔 M29 手枪。枪套可以固定在腿板上，腿板上还可以固定警棍 ❾ 手铐匣 ❿ 战术靴：图中为马格南公司产品 ⓫ 战斗服：上下分离式深蓝色战斗服。日常勤务时部分队员只穿战斗服的上衣 ⓬ 备用手枪弹匣包（挂载于工作带）⓭ 便携式无线电台：摩托罗拉公司生产的 GP900 型 ⓮ 防护手套 ⓯ 多功能包 ⓰ M4 弹匣包 ⓱ 手枪弹匣包 ⓲ 插入式防弹板支架接口 ⓳ 麦克风 / 无线电台

美国特种部队（12）

军队和警察系统特种部队的异同点

发生恐怖分子或犯罪分子挟持人质占据建筑物，或者劫持飞机、车辆等交通工具的事件时，就需要特种部队出面解决问题，可是军方特种部队与警方特种部队的出发点却大相径庭。恐怖分子实施犯罪行为往往带有诉求，或者为了达成筹集活动资金等鲜明的目的。因此，越是老谋深算的恐怖分子越不会鲁莽行事，除了收集情报制定周全的犯罪计划之外，甚至还会进行演练，然后才会实施犯罪计划（这类情况在暗杀、爆炸、绑架等恐怖行动中极为常见）。而且恐怖分子到了紧要关头会毫不犹豫地杀害人质。

因此，为进行反恐作战，军方甚至专门成立了"反恐部队"。反恐部队的目标是解决令警察等司法机关棘手的恐怖分子，以及他们所发动的危害平民的恐怖事件。也就是说，反恐部队是人质救援和消灭恐怖分子的专家。反恐部队每次出动，都意味着背后的政治要素在涌动。即使同样作为军方的特种部队，反恐部队与军事作战特种部队性质完全不同。

不过，最近军队也倾向于采用从军事特种部队选拔人员组成反恐部队，或者采用对军事特种部队的大部分人员进行反恐作战训练，使之同时肩负两类任务的运作方式。

反恐部队需要彻底掌握手枪或冲锋枪等近战武器的使用技术，还要反复接受更高水准的近战（CQB）训练（例如，不给恐怖分子反击的机会，快速控制建筑物内的各个房间，以及如何突入恐怖分子占据的房间，等等）。一旦进入战斗，队员必须毫不留情地击毙或制服恐怖分子，必须做到首发命中，敌人不倒射击不停。因为第一发子弹一旦失手，就等于留给恐怖分子杀害人质、引爆炸弹的机会。从突入到制服恐怖分子并救出人质，仅仅需要4秒，简直是迅雷不及掩耳。当然，这多亏了平时的反复训练、事前收集情报并制定周密的计划，还有彻底演练等全方位准备工作。

与此不同的是，警方特种部队虽然也带着特种部队的名号，但是法国国家宪兵特勤队（GIGN）、奥地利的眼镜蛇特种部队（特种任务部队）之类专为反恐作战成立的宪兵部队与美国警察组成的特殊武器以及战术部队（SWAT）的性质大不相同。

前者可以说是属于准军事组织的特种部队，首要任务是在反恐作

【单兵装备】Individual Equipments of SOF

战中消灭恐怖分子,即使击毙敌人也丝毫没有问题(也就是说,对待引发社会混乱、扰乱国家治安的恐怖分子无须怜悯)。

相反,后者却不能这么做,警方的特种部队必须依法行事,使用枪支也必须有合法的依据。

▼ 正在按照隐蔽突入㊀方式踏上楼梯的波兰军方特种部队。手持9毫米口径PM84(Glauberyt)冲锋枪的改良版——PM-98冲锋枪。两者的构造一致,采用与乌兹冲锋枪和英格拉姆M10相同的包络式枪机,这几款枪的外形均有共通之处。配备伸缩式枪托,护手部分挂载战术手电(或者是激光瞄准器)。

㊀ 隐蔽突入:请参考本书第73页。

美国特种部队（13）

警察系统特种部队以执法为重

以 SWAT 为代表的警方特种部队，原则上应对的是一般警察无法处理的犯罪案件。包括恶性罪犯的逮捕（逮捕挟持人质与警方对峙的犯罪分子，含人质救援任务）、缴获毒品（突袭持有、销售大量毒品的犯罪分子或组织的居所，缴获毒品并逮捕犯罪分子）、镇压暴动（发生暴动时必须当场实施镇压，或者监控有可能发展成暴动的抗议示威，并采取预防措施）、要人警卫等内容。

队员在执行以上任务时必须依法行事，也就是说，即使是恶贯满盈的犯罪分子也不能随随便便就开枪射击。只有遇到犯罪分子瞄准人质准备开枪，或者准备伤害队友的时候，队员还要先发出警告，在迫不得已的情况下才能开枪，并且事

后还要向上级说明开枪的经过（解决突发事件后，遭到起诉时必须做出解释）。而且和军方特种部队的最大不同是，在作战当中一旦人质或队员出现伤亡，将会追究相关人员的责任。

例如，面对挟持人质与警方对峙的犯罪分子，警方必须依法展开行动，必须兼顾救援人质与逮捕犯罪分子。因此，解决这一事件的第一步是先和犯罪分子进行谈判要求释放人质。

假如谈判破裂，释放人质无望，或者人质的安全遭受威胁时，警方特种部队就会展开突入行动。当然，事前会仔细收集建筑物结构、人质位置及现状等情报，制定周密的突入计划。参与突入的每名队员在明确突击行动中自己的任务之后，还要和负责掩护的狙击手等人员进行协商。

实际上，实施室内突入有两种方法，一种叫作隐蔽突入，顾名思义就是在不惊动犯罪分子的前提下，一边推进一边搜索犯罪分子。在犯罪分子人数不明，或者隐藏位置不明时不失为有效的方法。但是这种方法耗时长，当人质处于即将被犯罪分子杀害的危急关头难以使用。

与此相反，时间紧迫并且某种程度上掌握了犯罪分子的位置，采用奇袭战术一举解决问题的方法叫作直接突入。这种方式往往是在与犯罪分子交涉时，接到指令后全体队员同时突入建筑物内，行动时还伴随着干扰犯罪分子注意力的佯攻作战。除了突入时从反方向的窗口射入催泪弹、闪光震爆弹等战术之外，还有墙壁爆破或者多方向同时突入等有效方法。趁犯罪分子失去抵抗力的间隙保护好人质，将犯罪分子逮捕。

当然在实际作战中，事态未必会按照原定的行动计划发展，这就需要指挥官制定行动备选预案，尤其是犯罪分子掌握着威力巨大的武器（炸弹或突击步枪）时，一旦使用该武器，不仅人质的生命会受到威胁，连参与行动的队员及警官也会付出惨重的代价。因此，需要根据情况随时调整作战计划。

◀ 正在船舱里进行近战训练的洛杉矶警察（LAPD）特殊武器与战术部队（SWAT）队员。美国第一支SWAT部队，就是参照加利福尼亚州洛杉矶市警察局在1967年成立的"D排（第三城市管理部门）"而成立。D排是接受军队训练并采用军事战术，在城区和野外针对犯罪分子执行特种作战的部队。后来以SWAT为建制名称。

CHAPTER 2
14. 英国特种部队

被誉为世界一流特种部队的 SAS

英国陆军第 22 特别空勤团（SAS⊖）的前身是二战中大卫·斯德林中校提议创建的沙漠特别攻击队，它作为突击力量给轴心国军队造成了巨大的压力，从而证实了特种部队的能力。

二战之后，为镇压殖民地的独立运动，英军在马来亚（今天的马来西亚）将原本执行特种任务的这支侦察部队扩充为一个团，并于 1952 年将其命名为第 22 SAS 团（第 22 特别空勤团）。

在之后的时间里，SAS 转战婆罗洲、亚丁与远东地区，到了 20 世纪 60 年代后期又投入到北爱尔兰叛乱。经过一系列的实战考验，SAS 积累了大量反游击战和反恐战斗的经验，成长为一支可以在任何地形完成任何类型作战的特种部队，被誉为世界一流的特种部队。1980 年 4 月发生的伦敦驻伊朗大使馆人质事件中，该部队以干净利落的突入作战解救了人质，成为世界瞩目的焦点。

此外，1982 年的马尔维纳斯群岛战争和 1991 年的海湾战争都出现了 SAS 的身影。2000 年后，为解救被非洲塞拉利昂地方武装俘虏的联

▼ SAS 队员的反恐装备

提到 SAS 常用的反恐装备（1990—2000 年期间），身上穿的是❶芳纶材质的突击服（带风帽），外套❷ REV-25 防弹衣，身背❸ 索具，头戴❹ SF-10 人工呼吸器（带内藏式麦克风的防毒面具）。手持❺ H&K MP5 冲锋枪，身后是挂载于 M47SF 武装带上的❻ 弹匣包和❼ A4 皮质枪套（内装勃朗宁大威力手枪）等。脚穿❽ 阿尔滕伯格（Altberg）公司生产的突击子弹靴。插图中的人物正在进行索降，左手操作❾ 下降器（可单手操控登山绳收放的升降机）。在下降的过程中可完成单手射击动作。

⊖ SAS：Special Air Service 的首字母缩写。

【单兵装备】Individual Equipments of SOF

合国英籍维和士兵而实施的"巴拉斯行动（Operation Barras）"让 SAS 声名大噪。其后，SAS 也投入了阿富汗和伊拉克战场，但是至今一切行动均属机密。

◀ SAS 队员的巡逻装备

图为在阿富汗山地参加军事行动的 SAS 队员（于 2001 年在"持久自由"军事行动中开始使用的装备）。

头戴❶阿拉伯头巾，脖子上围着❷英军传统的格子围巾，上身是寒冷地区使用的❸ DPM 数字迷彩风衣，外套❹ SAS 突击背心，下身是具有优良的防水/透气性的微纤维戈尔特斯（GPRE-TEX）面料，行动中不会发出声音的❺沙漠迷彩作战裤，脚蹬❻美军突击靴，手持❼ M16A2 突击步枪，挂载 40 毫米口径榴弹发射器。

SAS 突击背心采用的是轻型高强度过胶尼龙和军用规格网格尼龙面料，是英军携带单兵装备的主要载体，是以 1996 年列装的新型战术背心为基础进行改良后的产品。具有优良的透气性和完全防水与超轻量化等多个优点，数量众多的挂载包，可以携带多种装备，是 SAS 队员的首选装备。

在阿富汗作战中的澳大利亚 SAS 部队，是模仿英国 SAS 组建的特种部队。

CHAPTER 2
15. 法国特种部队

法国国家宪兵特勤队的装备

　　法国警察有个很特殊的地方，那就是内务部系统的警察（国家警察）和国防部系统的警察（国家宪兵队）二者共存。而国家宪兵队又分为机动宪兵队（负责镇压暴乱、反恐、国家建筑物及设施的警备以及海上公安等维护国家治安的工作）和各区宪兵队（负责除法国大城市圈之外的一般警务工作，以及高速道路巡逻等交通工作）、共和国宪兵队（负责要人警卫、对国宾致以荣誉礼仪等仪仗队任务、总统府等国家重要设施的警备工作）等单位。

　　其中，法国国家宪兵队组建的特种部队在国际上颇有盛名，他们就是以反恐为己任的国家宪兵特勤队（GIGN⊖）。

▲ 身穿反恐装备，组成突入队形的法国国家宪兵特勤队队员。头盔是附带防弹面罩的老型号，外罩 MSA Gallet 公司生产的防弹服。该防弹服本身就是 PALS 平台，因此不必另外穿着突击背心。此外，为提高肩部与下腹部的防御能力还加装了防弹板。左起第三位队员所持的武器是 FN P90 个人自卫武器。

⊖ GIGN：Groupment De Intervention De La Gendermerie National 的简称。

【单兵装备】Individual Equipments of SOF

●GIGN 队员的最新装备

插图是 GIGN 队员穿着新装备（野战装备）的效果图。防弹服是 MSA Gallet 公司的产品，由法国陆军统一列装而成为 GIGN 的制式装备。头盔设计焕然一新，彻底颠覆了传统的 GIGN 模式（德意志联邦共和国警察 GSG9 的最新装备同样转为美国风格），同款的传统纯蓝色制服也同时列装。

❶ ACH TC-2002 头盔：由 MSA Gallet 公司出品，与美军过去为特种部队开发的 MICH2003 同样以保护头部后方为优先考虑，材质为凯夫拉防弹材料
❷ 耳机：MSA 索拉丁拾音降噪耳机
❸ 芳纶材质的面罩：除了遮住面部之外，还有防止面部烧伤的功能
❹ MSA Gallet 公司生产的"RAV"防弹服
❺ PR4G 型便携式无线电台：泰雷兹（THALES）公司设计的可同时接收 VHF/UHF 双波段的数字军用无线电台
❻ 分体式战斗服：战斗裤为弹性材质，上衣肘部有护肘，图案为 CE 欧洲迷彩 ❼ 战术靴 ❽ 战术手套 ❾ 一键通：以按压方式切换无线电台接发模式
❿ H&K HK416 突击步枪

第 2 章 单兵装备

16. 德国特种部队（1）

日新月异的 GSG9 现役装备

德国边防警察第 9 反恐怖大队（GSG9⊖）是德意志联邦警察局的特种部队，曾经隶属于联邦边境警备队，联邦边境警备队于 2005 年改组为联邦警察局，因此才有了正式名称——联邦警察 GSG9。该部队在完成改组之后，依旧作为一支专业反恐力量，负责解决威胁德国国内公共安全的恐怖分子，同时作为国家警察系统的特种部队，在德国各州拥有不受地方管辖权限制的自由行动权。

除了这支部队以外，德国警察还有联邦内务部警察局下辖的联邦警察局与各州下辖的地方警察队伍。

◀ 联邦警察网站上公开的 GSG9 队员单兵装备。队员头戴自带防弹面罩的 AM-96 钛合金头盔。现在，新一代装备是 FAST 头盔⊖，不过 AM-95 仍未彻底淘汰。防弹衣拥有快速解除功能，紧急时刻只要拉动几处组件的固定钢索，就可以在短时间内分解并挣脱防弹衣。

（防弹衣上的快速解除手柄）

⊖ GSG9：Grenzschutz Gruppe-9（边防警察第 9 反恐怖大队）的首字母缩写。
⊖ FAST 头盔：美国空军 PJ（伞降救援队）等使用的碳纤维头盔，具有优良的耐冲击性和较长的使用寿命。

【单兵装备】Individual Equipments of SOF

● GSG9 的现役装备

插图是身着 2012 年公开新装备的 GSG9 队员，新装备彻底改变了过去的旧款式。

❶ FAST 头盔：前部是夜视仪挂载安装部位，侧面是侧部导轨，头盔本身附带外罩，德国 KSK 特种部队也同时列装该头盔 ❷ 射击护目镜：兼具防弹设计和良好的耐冲击性，使用的是 ESS 公司开发的可与头盔及通信器材同时使用的 ICE 型护目片 ❸ 芳纶面罩 ❹ 可切换无线电台收发的一键通功能键 ❺ 便携式无线电台：摩托罗拉公司面向军警开发的高性能产品——P25 双向便携数字无线电台（由于 GSG9 队员经常在嘈杂的环境下执行任务，因此使用骨传导无线电台和骨传导耳机）❻ 防弹衣：表面缝制的束带可以挂载多种功能附件包（PALS⊖ 平台）。插槽部分是柔性防弹衣，只能应对手枪子弹，插入防弹板可以提高防弹等级（遗憾的是生产厂家不明）❼ 手枪带 ❽ 芳纶材质的战斗服 ❾ 腿部弹匣包 ❿ 战术靴 ⓫ 腿板式枪套 ⓬ H&K G36C 突击步枪：专为特种部队近战开发的枪型 ⓭ LLM01 激光模组 ⓮ 全息瞄准镜

⊖ PALS：Pouch Attachment Ladder System 的首字母缩写。

CHAPTER 2
17. 德国特种部队（2）

海军武装潜水连队的单兵装备

在第二次世界大战中，德国海军曾经有过一支在水面之下战斗的潜水军。到了 1956 年，为了防范东欧诸国的水陆两栖进攻，给这支潜水军再加上了伞降技术，组建为一支可以实施陆海空三栖作战的潜水部队。这支特种部队的前身就是原德意志联邦海军的战斗蛙人部队㊀，队员们以"海军潜水军"自居。

战斗蛙人部队的任务包括：①反恐作战；②非对称作战（并非正规军之间的战斗）；③秘密行动；④战场与危险地带的情报搜集工作；⑤侦察；⑥占领或守备船舶、桥梁等，覆盖范围极为广泛。自 1996 年成军以来，据说由于和陆军特种部队（KSK㊁）出现过任务交叉，所以二者之间有过人才交流。

战斗蛙人部队的选拔是志愿制，必须是中士以上或者是有 8 年以上舰艇服役经验的船员才有资格参选。经过严格的体能与专业知识考试之后，合格者作为战斗蛙人部队的候补成员，还需要接受专业培训。最终成长为独当一面的战斗蛙人前后需要 4 年时光。

在水下使用 G36 KA2 突击步枪据枪的战斗蛙人成员。G36 是一种可以水下发射的武器，但是由于水中阻力极大，弹头杀伤力弱，无法快速连射。

㊀ 蛙人部队：Kampfschwimmerkompanie 的译文。
㊁ KSK：Kommando Spezialkräfte 的简称。

【单兵装备】Individual Equipments of SOF

●德意志联邦战斗蛙人部队的装备

插图是蛙人部队成员登陆后展开作战时的装备（解除了潜水时使用的德尔格 LVR 全封闭式呼吸器后的状态）。

❶ OPS-CORE 公司的 FAST 系列平滑槽高切头盔：由耐冲击的高可靠性碳纤维/超高分子聚乙烯材质制成，前方是夜视仪挂载和侧面的侧边导轨，头盔上覆盖着迷彩外罩，附带频闪灯挂包。该型号头盔于 2014 列装，用以替代 MSA 公司的 ACH TC-2000 头盔。❷ TASC1 耳机：TCI 战术防水耳机，特种部队常用装备。❸ 潜水帽：保温泳帽，在水温较低的北海区域是不可或缺的装备。❹ 浮力调节装置：由于队员身负多种装备进行潜水，因此水下浮力调节装置必不可少。❺ 插板载具和各种功能包兼腹带：琳达霍夫战术（Lindnerhof-Taktika Plattenträger）生产的 Gen3 插板载具上附带快速分解功能。❻ 模组挂带：附带各种功能包挂载束带的腰带。❼ 三色沙漠迷彩作战服内穿具有防寒作用的紧身潜水衣。❽ 潜水脚蹼。❾ 潜水靴：可直接将脚蹼穿戴于靴上。❿ RAS 装备——G36 KA2 突击卡宾枪：为提升 G36K 的通用性与附加功能，对武器做了诸如去掉提把内藏式瞄准镜，改为皮卡汀尼导轨之类的小规模改造。皮卡汀尼导轨挂载包括 ⓐ 激光瞄准模块和 ⓑ 红点瞄准镜。

CHAPTER 2
18. 俄罗斯特种部队（1）

治安系统特种部队的现役反恐装备

俄罗斯拥有多支特种部队，可分为肩负国防任务的军方特种部队与肩负国内维稳任务的警方特种部队。

主要有格勒乌（GRU⊖俄罗斯联邦军队总参谋部情报总局）下辖的独立特种任务旅——斯贝茨纳兹⊖、克格勃（KGB）的后身——俄罗斯联邦安全局（FSB）的特种部队阿尔法和温贝尔，以及俄罗斯联邦内务部（MVD）指挥的以遏止组织性犯罪为主要任务的快速反应部队（SOBR）。简单来说，投入到车臣战斗前线的是 GRU 的斯贝茨纳兹，负责执行从反恐到人质救援、逮捕经济犯罪集团等大型治安维稳任务的是 FSB 或 MVD 的特种部队。

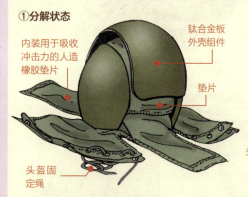

①分解状态
- 内装用于吸收冲击力的人造橡胶垫片
- 钛合金板外壳组件
- 垫片
- 头盔固定绳

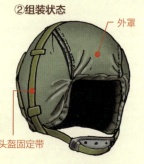

②组装状态
- 外罩
- 头盔固定带

③外加迷彩罩的状态

● STSH-81 "SPHERA" 头盔

是阿尔法和 SOBR 等特种部队现役的著名钛合金防弹头盔。由 3 块钛合金板制成头盔的外壳，用内装人造橡胶垫片的外罩固定后，再用固定绳或固定带组合成头盔。可根据头型用固定绳或固定带调整头盔的大小，野战时还需要加装迷彩外罩。目前，不锈钢壳体版本的 SSh-94 正逐步取代老型号，不过形状与结构没有变化，唯独重量由 2.4 千克增加至 3.3 千克。

⊖ GRU：Glavnoje Razvedyvateĺ Upraveleniye 的首字母缩写。

⊖ 斯贝茨纳兹：意思是特种任务部队，除了 GRU 之外，以斯贝茨纳兹为名的部队还有很多。

【单兵装备】Individual Equipments of SOF

●俄罗斯特种部队的反恐作战装备（阿尔法部队）

类似阿尔法特种部队等治安维护部门的反恐特种部队队员在突入作战时会使用插图中的装备。

❶ STSh-81"SPHERA"头盔 ❷ 突击服：采用耐火材料，在突入作战时穿着 ❸ 手枪套：主吊带和腿板下方安装的是模块化枪套 ❹ 特种部队专用突击靴 ❺ KAZAK6 战术防弹服 ❻ 乌鸦 MP-443：俄罗斯军队的新型手枪，口径为 9 毫米，使用钢制手枪弹，弹容量为 17+1 发。

阿尔法部队的前身是 1973 年由 KGB 直辖的第 7 警备部队，虽然部队声名在外，然而详细的组织构成、活动情况均属国家机密，连该部队参与过的行动都不曾向外界披露过。

▼KAZAK6 战术防弹服

外壳前后均已插入防弹板

俄国特种部队队员使用的防弹服分为突入作战时使用的 KAZAK6 战术防弹衣（该防弹衣在插入防弹板后拥有可抵御 AK-47 的 7.62 毫米子弹的高防弹性能）和野战时使用的 KORUND-BM/BM-K 防弹衣（可增加装甲）两个代表系列。

CHAPTER 2
19. 俄罗斯特种部队（2）

久经考验的阿尔法和温贝尔的战斗力

2002年10月，在莫斯科剧院的车臣独立派恐怖分子劫持事件中，为救援遭到绑架的900多名人质而执行突入作战的正是阿尔法与温贝尔两支特种部队㊀。突入前军方在剧院内喷洒了雾状芬太尼，所以特种部队才能在短短15分钟内彻底压制住恐怖分子。由于行动前30分钟的芬太尼喷雾只对剧场内部的恐怖分子产生了效果，而走廊中的恐怖分子不受影响，结果虽然42名恐怖分子在双方交火之中被全部击毙，人质救援行动也取得了成功，但是仍有120人窒息死亡，引发了一系列诉讼。这次救援行动成功与否，立场不同则观点不一，但是这次行动至少向世人证明了阿尔法和温贝尔的战斗力。

▲MASKA-1Sh 头盔

俄罗斯特种部队使用的喷气式钢质头盔，拥有可防御9毫米子弹的防弹能力，承担面部防护的是附加防弹玻璃的可拆装遮阳板。从前线战地到特种部队，这种头盔无处不在，并在各种照片中占有一席之地。不仅是头盔，俄罗斯的装备比西方军队至少落后了两代。

▲ 为加入特种部队而接受预备测试的内务部士兵，他们身穿Gorka-E战斗服。据说该测试以25千米行军为基础，并且涵盖军用医疗、通信技术等多个方面的内容。

㊀ 阿尔法与温贝尔：2支部队合计派出了200名队员参加了救援行动。CNN转播的该事件的视频中，在包围剧院的士兵与警察里夹杂着一些身穿野战军队装备的身影，据说这些人就是阿尔法或温贝尔的队员。

【单兵装备】Individual Equipments of SOF

●俄罗斯特种部队的野战装备（阿尔法部队）

插图中的迷彩战斗服叫作 Gorka-E（或者 PARTIZAN），与第二次世界大战中纳粹德国党卫军的夏季迷彩服极为相似。在别斯兰人质事件㊀中，由于阿尔法部队身着该战斗服而进入外界视野。

❶ MASKA-1Sh 头盔　❷ KORUND-VM/VM-K 野战防弹服　❸ TALZAN M22 突击背心　❹ Gorka-E 战斗服：Gorka 是为山岳战开发的战斗服，能耐受强烈的风雨吹袭。棉布材质，插图中的 Gorka-E 属于夏季迷彩，据说还有以茶色为主的秋冬季迷彩　❺ AKS-74u 突击步枪：AKS-74 的紧凑型，附带折叠式枪托，是俄罗斯特种部队的常用武器。除此之外他们常用的还有 AKSS74s、9毫米口径冲锋枪、德拉贡诺夫狙击枪等武器。

▼TALZAN M22 突击背心

包括特种部队在内，俄军中广泛使用的过胶尼龙材质的防水突击背心，有迷彩和纯黑色两个版本，背部的挂载板上的束带可以加装多种装备。

❶ 多用途包
❷ AK-74 弹匣包
❸ 小型多用途包
❹ 手雷包
❺ 腰带连接绳

▼KORUND-VM/VM-K 防弹服

这款教室（Classroom）公司生产的防弹服的尼龙外皮可以加装防弹插板。该公司生产的 KORAKULON 系列防弹服是俄罗斯联邦内务部的制式装备。

㊀ 别斯兰人质事件：2004 年 9 月，北奥塞梯 - 阿兰共和国发生了以车臣独立派为首的武装势力占领学校的事件，最终造成了 380 余人丧生的惨剧。

CHAPTER 2
20. 俄罗斯特种部队（3）

装备升级缓慢的俄罗斯联邦陆军

▶ 2014年，俄联邦士兵（汽车狙击手㊀）身着通用装备，与西方各国相比颇有落后于时代的沧桑感。数字植物迷彩战斗服套着同为植物迷彩的6B13"扎布罗拉"野战防弹衣，最外面是SMERSHPPK索具，头戴涂胶芳酰胺纤维材质的6B7防弹头盔，都是2000年列装的装备。自1991年苏联解体以来，俄军装备更新出现迟滞，直到2000年前后才开始更新为现代化装备。然而，单兵装备的列装却迟迟没有进展，直到现在依旧出现新老装备混用的情形（目前仍未改观）。

▲6B7 头盔

从2000年开始，俄军地面部队（普通士兵）和空降兵开始领用的防弹服，它的主要材料是芳酰胺纤维，也就是凯夫拉复合纤维，外加防弹插板可以达到抵御7.62毫米步枪子弹射击的防弹等级。

▼6B13"扎布罗拉"野战防弹衣

防弹板插位

㊀ 汽车狙击手：俄国陆军兵种之一，相当于其他国家的机械化步兵（Mechanized Infantry）。

【单兵装备】Individual Equipments of SOF

●GRU 斯贝茨纳兹队员

图中人物是隶属格勒乌（GRU，即俄罗斯联邦军参谋总部情报总局）的斯贝茨纳兹队员，身着俄联邦军具有代表性的植物迷彩服❶，头戴代表空降部队的蓝色贝雷帽❷，战斗服上身为 Grad-1 突击背心❸，俄军空降兵可以说是斯贝茨纳兹的掩护部队，队员们偶尔也会佩戴臂章❹。植物迷彩于 20 世纪 90 年代列装，以褐色、绿色、棕色为基础色调形成迷彩图案，有多个种类，最新型是采用数字点阵的数字植物迷彩。

▼Grad-2 突击背心

ANA 公司生产的突击背心，上面的弹匣包❶可携带 3 个 AK-74 等枪所使用的 30 发弹匣，4 个弹匣包一共可携带 12 个弹匣。自 2000 年开始列装以来，已经成为俄联邦军的制式装备，如今连特种部队也爱不释手。此外，可挂载于 AK-74 突击步枪的榴弹发射器（固定于枪口下方的刺刀槽内）专用的 40 毫米榴弹（有 7P17 和 VOG-25 两个型号）包❷（弹容量 5 发），可挂载于突击背心下方的腰带❸，便于携带。

CHAPTER 2

21. 以色列特种部队

精锐中的精锐——萨耶雷特特种部队

实战经验极为丰富的以色列国防军（IDF⊖），是一支世界公认的训练强度极高的军队。IDF下辖的特种部队主要有以下几支：

隶属于陆军的特种部队有戈兰旅侦察连（Sayeret Golany步兵快速反应部队）和战场情报部队的总参侦察营（Sayeret Matkal⊖）；装甲部队的第500旅侦察连（Sayeret Shirion 500）和第7旅侦察连（Sayeret Shirion 7）；工兵部队的雅埃尔（山羊）侦察队（Sayeret Yael）和"雅赫萨普"（Sayeret Yachsap）部队。Sayeret Matkal，据说是IDF下辖的精锐之师、目标情报部队（Sayeret Yachmam）和特种侦察队（T'ZASAM部队）；特种任务部队的217部队（Sayeret Duvedevan，樱桃侦察队）、7142部队（Unit Oket'z，棘刺部队）、7707部队、胡桃侦察营（Sayeret Egoz，反游击战部队）。

空军特种部队包括第5101部队（翠鸟）、边境警察特勤队。

海军特种部队包括第13突击队（蛙人）、雅达姆部队、雅班部队。

这些特种部队中，以"萨耶雷特"命名的才是精锐中的精锐，和大家常识中的特种部队多少有些不同，相当于美英那些偷袭敌军阵地、展开游击战的突击队或机动队等战斗单位。

Individual Equipments of SOF

◀ 正在接受军官专业训练的国防军士兵。如果能在训练中证明自己具备优秀的能力，你就可以走上特种部队指挥官的道路。近几年，全世界出现了志愿成为特种部队指挥官的潮流。图中的武器是塔沃尔AR21，是由以色列军事工业公司生产的无托式突击步枪。

⊖ IDF：Israel Defense Force 的首字母缩写。以色列国内的希伯来单词首字母发音类似"察哈尔"。

⊖ Sayeret Matkal：总参侦察营，或者叫作第269部队，直接受以色列情报局局长指挥。

【单兵装备】Individual Equipments of SOF

▲ 头盔迷彩外罩

IDF 才有的头盔外罩，为了降低头部辨识度，故意做成了松松垮垮的外形。

● 胡桃侦察营（Sayeret Egoz）队员

这支部队主要任务是，搜集以以色列边境或邻近各国为据点展开破坏活动的游击队组织的相关情报，并动用武力加以剿灭。

插图是 2004 年前后的装备，人物头戴拉宾特克 RBH 头盔❶，身穿芳纶 OG106 战斗服❷，外套突击背心❸。头盔上是夜视仪挂载组件❹和耳麦❺，手持 5.56 毫米口径班用米尼米轻机枪❻，挂载 AIM1/C 激光瞄准器❼和 ACOG 瞄准镜❽（Trijicon 公司生产的昼/夜瞄准镜）。突击背心上挂载的是弹匣包ⓐ，无线电台包ⓑ（内装单兵便携式 PRC-642 无线电台），急救包和指南针包ⓒ、无线电台包ⓓ（内装 VHF/FM 大功率背负式 PRC-642 无线电台）。

第 2 章 单兵装备　89

CHAPTER 2

22. 日本特殊作战群

重重机密下的特殊作战群

2004年创建的日本陆上自卫队的"特殊作战群①",以美国陆军特种部队为蓝本,专门负责特种侦察、直接攻击、情报战、要人警卫、人质救援等多种任务。该单位实施志愿役制度,遴选对象仅限拥有空降兵或突击队员资格,且军衔是3等陆曹(即陆军下士)以上的人员,然后接受长期特种训练;而训练内容等相关情报属于机密。

Individual Equipments of SOF

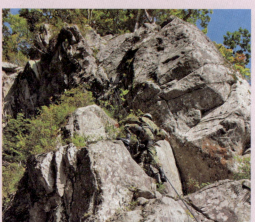

◀ 虽然未被列入正式训练内容,但自卫队各师、旅等单位作为部队精英化的重要一环,通过集中训练的方式打造部队精锐。由于自卫队各部均开展精锐训练,一旦任何地方出现紧急事件,当地驻扎的自卫队可采取突击作战,这种优点显而易见。照片为部队正在进行山地训练。

▶ 只要能通过严酷的特殊训练科目,日本陆上自卫队军官或者日本航空自卫队军官就会被授予突击队员资格,这也是加入特殊作战群的必要条件。目前,日本陆上自卫队的常设突击部队只有西部方面普通科团下属的突击排和特殊作战群。照片是突击队训练中的水上敌后潜入科目。

① 特殊作战群:原本是日本防卫大臣(设立该部队时名为防卫厅长官)直辖部队,2007年日本陆上自卫队设立中央快速反应集团并将特殊作战群纳入麾下。

【单兵装备】Individual Equipments of SOF

●特殊作战群队员的野战装备

插图为特殊作战群队员的装备想象图，目前相关情报均未公开，只能参考中央快速反应集团举行成立6周年纪念活动时的装备。除了巴拉克拉法帽之外，其他均为中央快速反应集团队员的通用装备。

❶88式钢盔 ❷无线电台携带包：内装便携式无线电台 ❸3型迷彩服（图中人物所穿为日本自行开发的巷战战斗服）❹子弹包：内装89式步枪弹匣 ❺2型战斗防弹衣：可另行插入防弹板。表面缝制大量尼龙束带，可挂载子弹包（弹匣包）等装备 ❻9毫米口径手枪：授权日本生产的 SIG SAUER P220（据说 H&K USP 及点45口径的手枪也属于制式装备）❼战斗靴：目前配发的是1至4型战斗靴 ❽战斗护膝 ❾89式步枪（据说 M4 卡宾枪也是制式武器）❿红点瞄准镜 ⓫"一键通"无线电台 ⓬耳机和麦克风 ⓭巴拉克拉法帽

▶突击队徽章

仅授予通过突击队或者空降突击队教育训练的日本陆上自卫队和日本空中自卫军官。

CHAPTER 2
23. 日本警察特种奇袭队

日本警察特种奇袭队 SAT

特种奇袭队（SAT[一]）可以说是日本版 SWAT，是为了应对普通警务人员无法解决的恐怖分子劫机或者占领关键部门，以及凶犯挟持人质、枪击等事件而成立的部队。

在 1995 年 6 月的函馆机场劫机事件中，日本正式公布日本警方的特种武装警察（SAP[二]）部队的消息。到了次年 5 月，原本属于日本国家机密的这支队伍正式成为日本警视厅以及警视厅下属各特种单位的正式编制队伍，并被冠名 SAT 而公布于众。SAT 被公开的契机是，1996 年度日本国家预算中明确列入的特别机

① 射击技术
② 建筑物或室内突入技术和班组行动战术

[一] SAT：Special Assault Team 的首字母缩写。此外，日本各都道府县的警察均设有特殊行动班组，也就是专门应对绑架或犯人负隅顽抗之类事件的特殊犯罪对策班（搜查一课），这类部队一般叫作 SIT（Special Investigation Team），和 SAT 的性质完全不同。

[二] SAP：Special Armed Police 的首字母缩写。该部队的名称并非正式编制名称。

【单兵装备】Individual Equipments of SOF

动搜查队"反枪支案件特设班"经费 8 亿 7500 万日元成了当时的新闻热点。

据说，SAT 在日本全国 8 个都道府县㊀的警察总部内设立了机构，各地共驻扎 11 个班，每个班 20 名队员。

其中包括行动部队与后方支援部队，合计约 300 人。虽说近年来媒体对该部队的训练情况多有触及，但是保密主义在日本一直大行其道，所以 SAT 的人员构成、装备、人员选拔标准等详细内容均未公开。

锁眼处安装塑胶炸药

合页处安装塑胶炸药

起爆装置

③ 索降技术

◀ 以救援人质为主要任务的 SAT 等特警队，必须具备应对各种恐怖分子及其犯罪手段的能力，因此针对性训练不可或缺。尤其是 ❶ 射击技术（包括从手枪到冲锋枪在内，无论在任何情况下都能正确命中目标的技术）❷ 建筑物或室内突入技术和班组行动战术 ❸ 在高楼大厦作战不可或缺的索降技术等。特警和自卫队的特种部队不同，虽然要求的技术范围比较小，但是对熟练度要求极高。

▲ 爆破外门后突入室内
室内突入前正在对门实施爆破的 SAT 队员。在美国等地区，建筑物的门向内打开，只要用霰弹枪破坏合页即可，而日本的门是向外开的，只能实施爆破。

Individual Equipments of SOF

㊀ 日本全国 8 个都道府县：配备于东京、神奈川、千叶、大阪、爱知、福冈、北海道、冲绳（日本警视厅 3 个班、大阪府 2 个班、其他道县各 1 个班）等地。

24. 降落伞（1）

两种伞降方法

军方的伞降方式分为被动式开伞⊖和主动式开伞两种⊜。主动式开伞不使用被动开伞绳，人员从机舱跳出后，以自由落体方式下降至既定高度后自行开伞，这也是特种部队常用的伞降方式。

降落伞的顶部被称为伞衣，具有增强空气阻力、减缓下降速度的功能，必须根据不同伞降方式选用不同形状的伞衣。被动式开伞应选择伞形伞衣，而主动式开伞则应选择长方形（冲压空气）伞衣。

空降作战中一般采用被动开伞（左侧照片）方式，以及伞形伞衣的降落伞，照片中的黄色束带就是被动开伞绳。这种方式的优点是可以远距离快速投送大量人员、装备及物资。现在流行在降落伞（右侧照片）的伞衣上方开导气孔，侧面开转向窗（L形开孔）或者转向孔，通过释放部分空气提高降落伞的稳定性与操控性。

⊖ 被动开伞：把降落伞的开伞装置连接于飞机内部预设的开伞钢缆，通过被动开伞钩的牵引完成跳伞后的开伞动作的方式。也就是说只要跳出机舱就会自动开伞。

⊜ 两种：军事作战中选用何种方式，需要根据伞降部队的规模、部队运输手段等多种因素决定。

【单兵装备】Individual Equipments of SOF

▶ 美军 2007 年前后列装的新型 T-11 降落伞，伞衣部分为十字形，缝合四角后形成独特的伞形，因而被称为十字架型伞。据说该型号的伞衣比传统型 T-10 降落伞增大了 14%，表面积增加了 28%，重量增加了 14%，但是进一步降低了降落速度，缓和了着地时的冲击力，使软着陆成为现实。此外，伞衣的四角留出了开口，极大地提高了可操控性。

主动式开伞（左侧照片）指的是从飞机跳下后，以自由落体方式降至既定高度后再手动开伞，届时需要跳伞者自行拉动索具上的开伞绳，或者使用自动开伞装置（ARR⊖）。主动式开伞一般使用冲压空气型伞衣（右侧照片），也就是常说的长方形降落伞，它具有良好的空中滑行性能，下降速度约每秒 8 米，远低于伞形伞衣，着陆时对人体的冲击力更小。

⊖ ARR：Automatic Ripcord Release 的首字母缩写，指的是在下降过程中感应气压变化，在达到既定高度时完成开伞动作的装置。

25. 降落伞（2）

特种部队的最爱——方形降落伞

用主动式开伞跳伞，是特种部队进行敌后潜入的常用手段。此外，为了防止敌人探知空降行动和目标地点，一般会使用高跳高开（HAHO[1]）或者高跳低开（HALO[2]）技术。这就要求降落伞必须具有长时滞空和长距离滑行的能力，还要保证精准着陆的可操控性。

降落伞种类繁多，可以满足以上所有要求的，非长方形降落伞（正式名称为冲压空气伞衣）莫属。与伞形伞衣相比，它具有维护简单、稳定性高、操控性良好的特点。而且像滑翔机一样具有良好的滑翔下降性能，下降速度可以低至每秒8米，着陆时的冲击力[3]也比伞形降落伞小很多。

● 长方形降落伞的伞包和索具

❶ 上升管　❷ 底环及开伞环　❸ 副伞开伞手柄　❹ D环　❺ 伞衣包　❻ 腿部束带　❼ 鞍座
❽ 胸部束带　❾ 主伞开伞手柄　❿ 伞绳切割器手柄（切割主伞伞衣）　⓫ 引导伞伞包
⓬ 主伞伞衣包　⓭ 副伞伞衣包

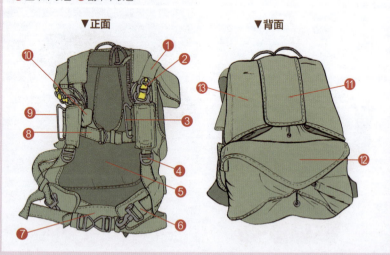

▼正面　　　▼背面

[1] HAHO：High Altitude High Opening 的首字母缩写。
[2] HALO：High Altitude Low Opening 的首字母缩写。
[3] 着陆时的冲击力：伞形降落伞着陆时必须做翻滚动作缓冲，而长方形降落伞降落时可以保持立姿。

【单兵装备】Individual Equipments of SOF

●长方形降落伞的结构

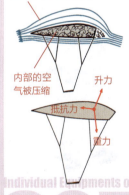

主动开伞常用的长方形伞衣是双重结构，开伞后空气从头锥开孔流入伞内，在气压的作用下保持翼型状态。膨胀后的伞衣横截面与机翼类似，空气流经伞衣时会产生升力。因此，长方形降落伞具有良好的空中滑翔性能，可实现下降高度5倍左右的滑翔距离。

跳伞人员可以利用气流控制长方形降落伞的姿态。拉动左侧的扭力绳，连接扭力绳的姿态控制绳向下牵引伞衣左后方，伞衣左后侧横截面积变大，而右侧则相对变小，导致左侧受到的空气阻力变大，两侧的阻力差失衡。受此影响，整个伞衣就会向左旋转（与早期的飞机没有襟翼，只能转动机翼改变受风面积进行转向的原理相似）。

转向

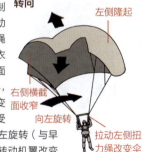

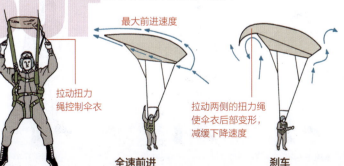

第2章 单兵装备

CHAPTER 2
26. 降落伞（3）

降落伞及氧气面罩的穿戴步骤

● 降落伞的穿戴步骤

①穿戴降落伞前先检查各部分是否存在异常

②穿戴伞包（队友间两两互助完成穿戴）

③伞包紧贴身体并收紧胸部束带

④两脚穿进腿部束带内，用金属扣收紧

⑤收紧主引力带，调节索具（伞包与人体连接带），使身体和伞包紧密贴合

⑥调整腹带松紧

⑦收紧腹带

⑧将腹带多余的部分收入束带内侧，确认伞包是否与身体紧密贴合

⑨穿戴完毕

【单兵装备】Individual Equipments of SOF

●供氧系统的穿戴步骤

①将氧气瓶包固定于腹带

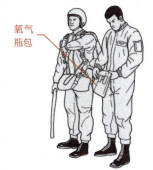

氧气瓶包

②将氧气瓶装入包内,用束带固定

③将氧气面罩固定于头盔上,调节至紧贴面部

④氧气面罩接口(AIROX)软管穿过伞包与身体之间,从背部绕行

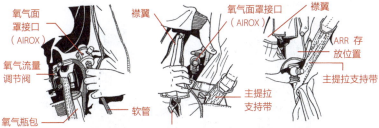

身体左侧▼

氧气面罩接口(AIROX)
氧气流量调节阀
氧气瓶包

▼身体右侧

襟翼
氧气面罩接口(AIROX)
软管
ARR(自动开伞装置)于动软线

襟翼
ARR 存放位置
主提拉支持带

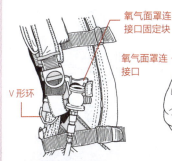

氧气面罩连接口固定块
氧气面罩连接口
V形环

⑤将氧气面罩固定于索具上的接口

⑥连接氧气面罩的接口部件

⑦收紧腰带使氧气瓶包与身体紧密贴合,至此准备工作完成

CHAPTER 2

27. 降落伞（4）

跳伞长及跳伞指令

空降兵部队已经坐上飞机整装待发，为确保他们能安全有效地完成伞降作业，就需要跳伞长⊖发出一连串正确的指令。不过飞机内噪音极大，而且穿上装备之后听力也会受到影响。为了确保指令能有效传达给每个人，跳伞长会使用插图中的手语发布命令。

跳伞长对伞降作业结果负全责，这个指挥工作往往由伞降经验丰富的专家担任。除了要有丰富的跳伞经验，还需要在军中拥有指挥资格，所以充当跳伞长的往往是陆军上士（只负责跳伞时的指挥工作，并不负责整体作战指挥）。

● 跳伞长发布的跳伞指令

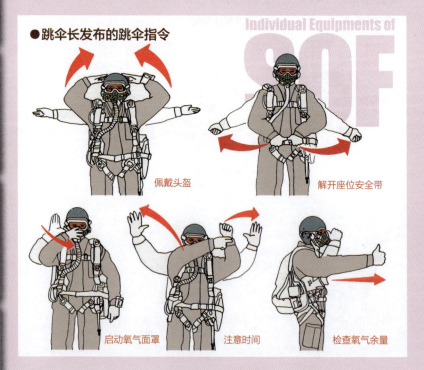

佩戴头盔　　解开座位安全带
启动氧气面罩　注意时间　检查氧气余量

⊖ 跳伞长：无论是被动开伞还是主动开伞，空降兵离开飞机的每个步骤都必须遵照跳伞长的指示行事（对于特种部队队员来说，被动式开伞空降是伞降的基本科目）。

【单兵装备】Individual Equipments of SOF

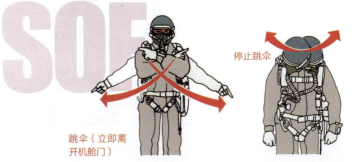

CHAPTER 2

28. 降落伞（5）

高空跳伞的专用装备

从1万米左右的高空实施主动式开伞跳伞，跳伞者的下降时速可以达到200千米[⊖]，身处的环境温度低至零下50度。这时，为了保护身体不受伤害，跳伞者必须佩戴头盔、护目镜，身穿跳伞服。战斗服外新增的这层跳伞服可以降低风力对服装的影响，减少人体遭受的阻力。此外，还需要穿跳伞靴，因为专门设计成包覆式的长靴口以及特制的靴底可以在着陆时保护足部。如果是满装备跳伞，由于重量增加，为防止出现骨折，还需要在靴子上另外增加保护器具。

着陆之后的地面行动中所需要的装备及消耗品均收入战斗包内，而战斗包则用吊带固定在索具上。突击步枪等武器可以直接挂载于索具，或者装入挂载包内携带。

▶ 图为正在接受主动开伞跳伞训练的美军特种部队队员（右图人物的装备并非超高空跳伞的专用装备）。❶搭载于头盔上的夜视仪。夜视仪为夜间跳伞提供了极大的帮助，这要归功于20世纪90年代早期成功开发了轻量小型化、高清晰度的夜视仪。ACH头盔上的侧轨❷上挂载着氧气面罩❹，用吊带加以固定。氧气面罩内藏麦克风，头盔下搭载耳麦❸，各种装置都能正常运行。人处在3000~4000米的高空就会因为缺氧而引发航空病。缺氧会导致人的视力、听力、力量以及神智出现障碍，持续时间过长会导致人员死亡。为了预防航空病，就必须配置氧气供给装置。

⊖ 时速可以达到200千米：跳伞瞬间最大下降时速可达360千米，很快就会稳定在200千米左右。

【单兵装备】Individual Equipments of SOF

●高空主动式开伞装备

插图是身穿内藏军事自由跳伞（MFF⊖）导航系统的高空主动式开伞装备的美军特种部队人员。

❶ 具有头盔挂载显示器功能的护目镜：可显示位置信息、夜视仪画面等情报 ❷ MBU-12/P 型氧气面罩 ❸ 主伞开伞手柄 ❹ 胸带 ❺ 氧气流量调节装置 ❻ 氧气瓶和调节器 ❼ 腹带 ❽ 腿带 ❾ PDA：单兵数字辅助装备，包括导航计算机和头盔挂载显示器的控制单元 ❿ 战斗包 ⓫ 突击步枪 ⓬ MA2-30A 型主动式开伞高度计 ⓭ 方形降落伞包 ⓮ 战斗包固定扣 ⓯ 跳伞服 ⓰ 副伞开伞手柄 ⓱ 底环及开伞环：连接索具与降落伞上升管 ⓲ 内部通信设备 ⓳ 头盔挂载式摄像头／夜视仪 ⓴ 头盔挂载式全球定位系统（GPS）／无线电台天线 ㉑ 跳伞靴

MFF导航系统由挂载于头盔后部的GPS／无线电台天线、装载于护目镜内的平视显示器以及掌上计算机（PDA）构成。在恶劣天气跳伞时，无法目视确认周边环境。此时为确保伞降成功，MFF可以通过显示器向队员提供目标位置、当前位置、夜视仪显示画面等多种情报。此外，还可以保证队员内部、队员与基地之间的情报交流，指挥官也可以直接下达指令。

⊖ MFF：Military Free Fall 的首字母缩写。
⊖ PDA：Personal Digital Assist 的首字母缩写。

CHAPTER 2
29. 降落伞（6）

特种部队伞降技术

【单兵装备】Individual Equipments of SOF

伞降技术是特种部队成员需掌握的基础技能，为秘密潜入敌后完成作战任务，特种部队成员往往会利用主动开伞方式进行 HAHO（高空跳伞高空开伞）及 HALO（高空跳伞低空开伞）。

CHAPTER 2
30. 降落伞（7）

高空跳伞装备的演变

人们往往会认为，运输机的速度（对地速度）和伞降没有直接关系，可事实正好相反，运输机的时速对伞降影响巨大，在快速飞行的运输机[一]上就无法实施被动开伞。主动式开伞的最大优势就在这里——搭乘高速载具也能完成跳伞动作。

近年，为了强化主动式开伞方式的优势，相关的辅助装置的开发已步入正轨。

▲ 德国军队已经列装了达姆施塔特默克集团生产的主动开伞型伞降系统，它能够确保人员完成高空跳伞动作后的氧气供给和既定高度自动开伞，提高了伞降中各步骤的准确性。在不远的将来，辅助装置会搭载具有战术识别与追踪功能的应答芯片，指挥官可以随时监控空降中的士兵的情况。

① 挂载 GPS 天线的头盔　② 面罩：内藏平视显示器　③ 氧气面罩
④ 指南针　⑤ 高度计　⑥ 装备运输包　⑦ 跳伞服（保温服）
⑧ 氧气流量调节装置：配备流量计及余量计等　⑨ 伞包　⑩ 氧气瓶

一　快速飞行的运输机：在时速为 300~400 公里的运输机上实施被动开伞，瞬间产生的 12G 冲击力是人体无法承受的。

【单兵装备】Individual Equipments of SOF

● 新一代伞降系统——"狮鹫"

给空降兵插上能远距离飞行的翅膀,这种构思始于第二次世界大战,可惜一直未能成为现实。不过,到了1990年,翼装①的诞生让这一构想再次成为人们瞩目的焦点。插图是达姆施塔特默克集团公司为特种部队开发的新一代伞降系统——"狮鹫",是将降落伞与滑翔翼组合而成的新设备,据说在万米高空伞降时最长可以滑行40千米,它的终极目标是滑行100千米,负载重量为50千克。

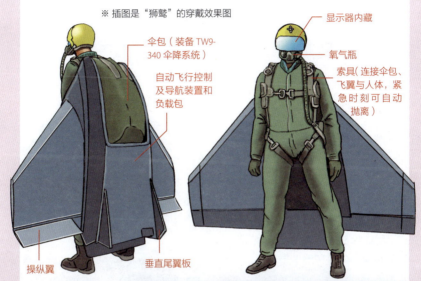

※ 插图是"狮鹫"的穿戴效果图

▶ "狮鹫"翼展1.8米,全长1.5米,搭载自动飞行控制装置及伞包等装备,最大跳伞重量可达225千克,最大滑翔时速为200千米。头盔内藏显示器,可以显示导航情况及方位信息。

① 翼装:手脚间带着张力布,可进行滑翔的特殊跳伞服。

31. 潜水装备（1）

特种作战中不可或缺的潜水装备

下潜之后，每下降 10 米，潜水员的身体将多承受一个大气压的负荷，而且这个压力会随着深度的增加而增大。在海底高压环境下作业的人，往往会因为在水中快速上升导致身体压力的降低而罹患潜水病（减压病），这是因为高压之下，大量的氮气溶入血液及细胞内部，快速减压会导致这些氮气迅速析出，形成气泡，堵塞血管，影响血液循环，在关节、肌肉、骨骼等部位造成疼痛、痉挛，甚至引发昏厥等诸多症状（气泡的大小及位置的不同会造成不同症状）。为了避免这种情况，需要在缓慢降压环境下使身体适应，并将析出的氮气排出体外。

另一方面，随着压力增大，空气受到压缩，密度会增大，如果按照人体在地表 0 海拔的氧气吸入量来看的话，在水下必须降低呼吸气体中的氧含量[一]。而在 0 海拔环境下，氧气浓度超过 60% 就会引发氧气中毒[二]，人体的代谢就会开始紊乱，更要命的是水下作业中往往会使用氧气浓度接近 100% 的纯氧。

因此，潜水工作的风险极大，而潜水设备的用途在于尽可能地提高潜水作业的安全性。如今，美国海军及海岸警备队等部门的任务涵盖了打捞（打捞、回收沉船）、船只修理、水下勘探、水下爆炸物处理、特种作战等多个领域，潜水装备不可或缺。

▲ 美国海军的 Mk.12 水面供气式潜水系统（SSDS[三]），于 1985 年列装为制式装备，至今仍在服役。

[一] 降低呼吸气体中的氧含量：这种情况与随着高度提升必须增加氧气浓度相反，如果人体在 0 海拔的氧气浓度为 21%，而到了海拔 5000 米的地区必须提升至 44% 左右。

[二] 氧气中毒：人体会出现恶心呕吐、幻听幻觉、痉挛、呼吸困难等症状，严重者还会晕厥，潜水中出现此类问题极为危险。

[三] SSDS：Surface-Supplied Diving System 的首字母缩写，采用从水面以软管向潜水员供氧的方式，头盔式潜水也属于供氧潜水的一种。

【单兵装备】Individual Equipments of SOF

一般潜水作业中运用的潜水方式大体上可分为软式潜水（潜水员直接承受水压）和硬式潜水（身穿耐压性潜水容器或者硬式潜水服，无论外部压力多大，身体承受的都是一个大气压的压力）两种。而软式潜水又细分为闭气潜水（无潜具潜水及浮潜等）、直接潜水（水肺潜水等自给气潜水及头盔式潜水等供气式潜水）、工程潜水（使用混合气体）等。

▶ 看上去像是古代盔甲一般的大气压潜水服，它的密闭结构可以确保内部压力维持在一个大气压，可以抵达软式潜水无法企及的深度进行作业。但是行动起来极为不便，只能靠专用推进器，与其说是潜水服，不如说是长了手脚的小型潜水艇。

▲ 身穿潜水装备的美国海军海豹突击队队员，不仅仅是海豹突击队，对任何一个国家的特种部队来说，潜水技术都不可或缺。

第 2 章 单兵装备　109

CHAPTER 2
32. 潜水装备（2）

军用水肺潜水装备的构造

水肺①潜水指的是潜水员身负充满氧气与空气的钢瓶（气罐）进行潜水的方式，它的优势在于不必像供气潜水一样，活动范围受供气软管的限制。从结构上来说，水肺潜水的装备可以分为开放回路式潜水装置（使用压缩空气的水肺）、半闭锁回路式潜水装置（使用事先配置的混合气体的预混式循环呼吸器，以及使用纯净气体的自混式循环呼吸机）、全闭锁回路式潜水装置（氧气闭锁式循环呼吸机，以及使用纯净气体的自混式循环呼吸机）三种。

其中开放回路式潜水装置在民间被广为使用，半闭锁回路式和全闭锁回路式潜水装置由于循环使用呼出的气体，所以被命名为循环呼吸装置，属于特殊用途产品，基本上为军用。

▲ 穿戴水肺并乘坐蛙人输送艇（SDV）的海豹突击队队员。

---

① 水肺（SCUBA）：Self-Contained Underwater Breathing Apparatus 的首字母缩写，也被翻译为自给式水下呼吸器。

【单兵装备】Individual Equipments of SOF

●开放回路式潜水装置的结构

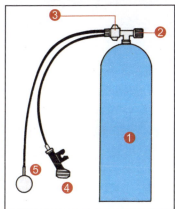

第二次世界大战中，雅克-伊夫·库斯托[一]和埃米尔·加尼昂共同发明了开放回路式潜水装置，也就是水肺。简而言之，它是利用压力调节装置将气罐中的压缩空气减压至适宜压力，为潜水员提供必要空气的一种设备。由于呼出的气体直接释放到水中，所以被称为开放回路式。这种构造方式在今天已经司空见惯，成了极其普及的运动潜水装置。

❶ 气瓶 ❷ 气瓶阀门 ❸ 一级减压器（需求阀） ❹ 二级减压器（咬嘴）❺ 残压表

日本海上保安厅潜水员▶

装备了水肺的日本海上保安厅潜水员，全覆面型面罩内藏水下耳机，可使用水下无线电进行对话。

[一] 雅克-伊夫·库斯托：前法国海军士官，退役后成为海洋学家，加尼昂是其好友兼技术人员。

潜水装备（3）

各国特种部队使用的潜水装备

如今，西方各国的军警特种部队最常用的潜水装置是德国德尔格公司生产的LAR-Ⅴ潜水器，这种潜水装置可以把以前直接排入水中的呼出气体进行循环利用，从而增加了潜水员的潜水时间。虽然有多个企业开发了这种闭锁回路式潜水装置，但是在军队中，尤其是特种部队中，LAR-Ⅴ的数量仍独占鳌头。

20世纪70年代问世的这款潜水装置，已经由最初的版本经过改良，一直沿用到今天，除现在服役的LAR-Ⅴ之外，还有LAR-Ⅶ、LAR-5000等型号。

▶ 图为身穿德尔格LAR-Ⅴ mod.2潜水器进行潜水训练的美国海军海豹突击队队员。LAR-Ⅴ之类的闭锁回路式潜水装置的优点是可以延长队员水下潜伏时间，还因为不释放呼出气体，不会产生潜水气泡，因此可以降低被敌人察觉的风险。

【单兵装备】Individual Equipments of SOF

●氧气闭锁回路式潜水装置

氧气闭锁回路式潜水装置（循环式潜水装置）是把呼出气体中的二氧化碳去除后，补充氧气后再次进行呼吸。由于利用了呼出气体，所以氧气消耗量比开放回路式潜水装置节约了90%，它最大的优点是潜水员只需携带小型气瓶即可满足需求。但由于使用了纯氧，所以给潜水深度与使用时间带来了限制，据说最大潜水深度只有7米。

① 咬嘴 ② 呼气管 ③ 二氧化碳吸收器
④ 手动供氧阀 ⑤ 气瓶阀门 ⑥ 气瓶
⑦ 残压表 ⑧ 氧气调节器 ⑨ 吸气气囊
⑩ 氧气供给阀门 ⑪ 吸气管

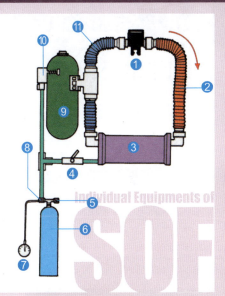

▼德尔格 LAR-V 的结构

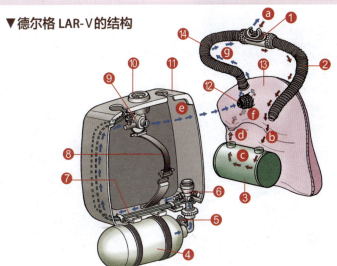

① 咬嘴 ② 呼气管 ③ 二氧化碳吸收器 ④ 气瓶：内充高压纯氧 ⑤ 氧气罐阀门 ⑥ 调节器（氧气流量调节阀）⑦ 供氧管 ⑧ 气囊固定带 ⑨ 二级减压：即类似需求调节阀的构造，潜水员吸气时才会供给氧气 ⑩ 残压表 ⑪ LAR-V 外罩 ⑫ 气囊阀门 ⑬ 气囊（吸气气囊）⑭ 吸气管 ⓐ 潜水员呼出的气体（细胞排出的二氧化碳和无法吸收的氧气的混合气体）ⓑ 经过呼出气管通向二氧化碳吸收器 ⓒ 在二氧化碳吸收器内由钠石灰吸收掉内含的二氧化碳 ⓓ 去除二氧化碳后的氧气被送入气囊 ⓔ 由气瓶另行补充氧气 ⓕ 氧气与净化后的呼出气体在气囊内形成混合气体 ⓖ 由吸气管将混合气体供应给潜水员

CHAPTER 2

34. 潜水装备（4）

闭锁回路式及半闭锁回路式潜水装备

目前军用的德尔格 LAE 有使用纯氧的闭锁回路式 LAR-V 和 LAR-VI，以及兼具使用纯氧与氧氮混合气⊖功能的半闭锁回路式的 LAR-VII 3 种型号。

LAR-VII 的潜水深度超过了 LAR-V 和 LAR-VI 的原因在于，使用纯氧呼吸一旦越过潜深极限就会出现醉氮⊖问题。为避免这种风险，LAR-VII 还具有在脱二氧化碳后的呼出气体内添加氧氮混合气体的半闭锁回路式功能，因而可以到达更大的潜水深度。

以水下潜行方式开展登陆战的德国海军潜水部队，右侧士兵胸前穿戴的是德尔格 LAR-5000，这是将 LAR-VII 的功能进行简化之后的潜水装置，挂载的两个气瓶可以在潜水时进行功能切换，但是外挂式作战附件对人员有很大限制，无法下潜至更大的深度。

⊖ 氧氮混合气：降低通常的空气中氮气的比例，将氧气浓度提升至 32%~36% 的人工混合气体，也被称为"强化空气"。

⊖ 醉氮：在超过3~4个大气压的环境下吸入氮气会发生醉氮现象，与喝醉酒一样，出现思维能力下降，发生潜水事故的可能性加大。

【单兵装备】Individual Equipments of SOF

● 水下作战装备

进入 21 世纪之后,特种部队除了军事任务之外又新增了反恐任务,真可谓能者多劳。为应对新形势,诞生了高性能的水下作战装备与服装。图中的人物身穿氯丁二烯材质的潜水服,携带短期作战的轻型装备,也就是最低限度的武器装备,可以不脱除潜水服直接执行作战任务。

① 夜视仪(AN/PVS-18) ② 耳机 ③ 德尔格 LAR-Ⅶ ④ 潜水服 ⑤ 脚蹼 ⑥ 潜水罗盘(TAC200) ⑦ 潜水靴(可直接穿戴脚蹼) ⑧ H&K MP7 单兵防卫武器(PDW) ⑨ 潜水无线电台(Digicom1000DU 型) ⑩ 潜水背心 ⑪ 潜水镜

▼ 德尔格 LAR-Ⅶ

气瓶中填充纯氧时的最大潜水深度为 8 米,填充氧氮混合气体时的最大潜水深度为 24 米(如果加装外挂式附属功能件,最大潜水深度可达 54 米)。插图中只有一个气瓶,如果挂载两个不同气体的气瓶,可以根据潜水深度在闭锁回路式和半闭锁回路式两种功能中自由切换。

CHAPTER 2

35. 潜水装备（5）

闭锁回路式潜水装备的构造与优点

水肺之类的潜水装置，利用压缩空气辅助呼吸进行潜水时，只要不超过一定的深度，对人体没有影响。可是，潜水深度一旦超过 30 米，人就极有可能发生醉氮现象。所以军方潜水员和民间职业潜水员使用的是一种叫作气体自混式循环呼吸机的闭锁回路式潜水装置。

图为身穿闭锁回路式潜水装置 Mk.16 进行水雷扫雷训练的美国海军爆炸物处理（EOD）小组成员。Mk.16 和 LAR-Ⅴ一样，呼吸机等部位不会发生气泡破裂声，而且使用的是混合气体，潜水深度与潜水时间均无限制，是潜水员们的利器。

【单兵装备】Individual Equipments of SOF

●闭锁回路式潜水装置

气体自混式循环呼吸机并非使用已经混合好的气体,而是由潜水员携带纯氧和稀释气体(氮气和氦气的混合气体)的独立气瓶,根据潜水深度进行气体混合。为提高混合气体的使用效率,延长潜水时间,可将呼出气体去除二氧化碳后进行循环利用。

① 咬嘴 ② 呼气管 ③ 手动氧气供给调节阀 ④ 残压表 ⑤ 气瓶 ⑥ 氧气调节阀 ⑦ 气瓶阀门 ⑧ 电子装置(计算机等) ⑨ 电子装置:显示器 ⑩ 二氧化碳吸收器 ⑪ 手动稀释气体供给阀 ⑫ 稀释气体储藏罐 ⑬ 稀释气体余量计 ⑭ 稀释气体瓶阀门 ⑮ 稀释气体调节阀 ⑯ 稀释气体供给阀 ⑰ 吸气气囊 ⑱ 吸气管

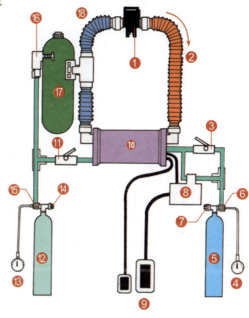

◀ 图为美国海军使用的闭锁回路式潜水装置Mk.16(拆除主体设备外壳的状态)。上方带着网状外壳的圆筒是净化器,它兼具二氧化碳吸收器,和将各种气体(氧气、稀释气体、净化后的呼出气)混合后供潜水员呼吸的呼吸器的功能。下方两个球体是氧气(左)和混合气体(右)的压缩气瓶。两者之间是调节两种气体流量,并监控回路中循环的吸入气体和呼出气体以及各气瓶状态的电子装置。这套潜水装置的使用及保养均需要极为专业的知识和技能,因此 Mk.16 是一套高性能且高价格的潜水装置。

36. 潜水装备（6）

干式轻潜水服的水密性对人体的保护

特种部队队员和海军潜水员往往接到任务就要奔赴海洋，但是温度极低的海水会使潜水员的体温下降，身体活力降低，短时间内就能夺去人们的生命。因此，能够在冰冷的海水中保持潜水员的体温，且不会影响其执行任务的防护服——干式潜水服便应运而生了。

20世纪50年代的干式潜水服和橡胶潜水服一样，以氯丁橡胶为材质，保温性尚佳，可防水性能差强人意。直到开口部分加装了防水拉链，干式潜水衣才真正达到了完全防水的效果。此外，干式潜水衣上的阀门可以汲取来自潜水装备的空气，在内部形成一个空气层，这才使得潜水员能在酷寒之地完成水下作业。

现在的干式潜水衣，按材质可划分为氯丁二烯型（氯丁橡胶潜水服）和防水面料型（防水面料潜水衣）两种，前者的足部自带一体式潜水靴，而后者的足部是袜子形状，外面可以直接套上军靴。

▲ 照片上是海豹突击队队员，右侧队员身着干式潜水服，而特种部队使用的潜水服中，防水面料式占了大多数。这种潜水服以尼龙纤维为基材，与多层防水面料互相贴合而成，拥有良好的耐久性，但保温性能要劣于氯丁橡胶潜水服，因此必须内穿防寒服（特种部队队员一般会在潜水服下穿战斗服）。此外，防水面料型潜水服没有氯丁橡胶潜水服那样的伸缩性，因此考虑到便于穿脱问题，可以做得宽松一些，可以直接套在战斗服和武器装备外面，一旦登陆即可快速脱掉潜水服。

【单兵装备】Individual Equipments of SOF

▶ 美国海军使用的 DUI 公司的 EODCLX450 型干式潜水服。最外层是考迪拉尼龙和涤纶面料。

● 英国海军陆战队登船临检时的装备

插图是英国海军陆战队跳帮组（在海上截停可疑船只，实施登船临检搜查作业）队员，身着著名干式潜水服生产商 Typhoon 公司专门为特种部队设计的临检制服，其结构基本上和干式潜水衣一致（内部没有调节气压的阀门）。战斗服正面、右肩到左腹部间有一个便于穿脱的大型拉链，领口、袖口、裤口均有收缩性橡胶带，这种防水性结构的目的在于，防止人员坠海而导致体温过低。据说，这种防水服的材质是经过防水加工处理的 GORE-TEX（戈尔特斯）面料，外套具有独特英国风格的救生衣，头戴工程塑料材质的头盔。

❶ Gecko 公司生产的海军型头盔：英国海军和海军陆战队跳帮组专用 CQB 头盔 ❷ 救生衣 ❸ 无线电台 ❹ 弹匣包 ❺ 锁扣 ❻ 简易手铐 ❼ 无线电台"一键通"按钮 ❽ FN 大威力手枪和 SAS Mk.5 枪套 ❾ 单兵急救包 ❿ 防水服 ⓫ SA80A2 LSW⊖（挂载战术手电）

⊖ 急救包：主要是临时救治用的绷带。
⊖ LSW：Light Support Weapon 的首字母缩写。

37. 潜水装备（7）

高速发展中的水下通信器材与导航装置

近年来，可进行水下通话的无线电台取得了巨大的发展，拥有防水功能的 Aquacom 公司的产品 SSB-2010 水下无线电台已经在各国的军警特种部队中得到了广泛应用。这种无线电台在水面上的通信距离为 1000 米，利用水下扩音器超声波振动方式，可以在水深 2 米左右时，确保 300 米范围的潜水员和船上指挥官之间的通信。通话装置可以内藏于面部包覆式氧气面罩内部，潜水员可以一边行动一边报告情况，接发转换采用"一键通"（PTT[⊖]）键钮。

● 水下导航装置

置身水下，很容易迷失当前位置和方向感。特种部队队员和海军潜水员在进行水下行动时会利用潜水罗盘，前后移动一定的距离，就可以判断出身处的深度和方位。现在，开发中的水下导航计算机或许能接手这个计算当前位置和方位的活儿，它可以将结果显示在监控器上，便于潜水员查看。

▶ 使用德尔格公司 LAR-5000 进行潜水的德国潜水部队队员，他正在利用手中的潜水罗盘确认深度和方位，通过数次滑动穿戴在脚部的脚蹼来回变动位置计算距离。

⊖ PTT：Push to Talk 的首字母缩写，即通过按压通话键发送音频的通话方式。

【单兵装备】Individual Equipments of SOF

● 法国国家宪兵队的潜水装备

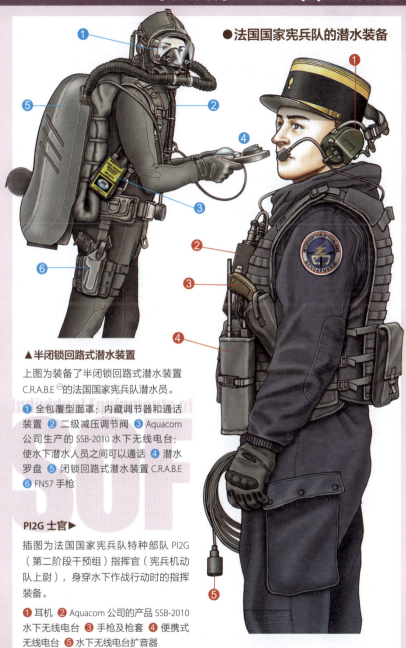

▲ **半闭锁回路式潜水装置**

上图为装备了半闭锁回路式潜水装置 C.R.A.B.E 的法国国家宪兵队潜水员。

① 全包覆型面罩：内藏调节器和通话装置 ② 二级减压调节阀 ③ Aquacom 公司生产的 SSB-2010 水下无线电台：使水下潜水人员之间可以通话 ④ 潜水罗盘 ⑤ 闭锁回路式潜水装置 C.R.A.B.E ⑥ FN57 手枪

PI2G 士官 ▶

插图为法国国家宪兵队特种部队 PI2G（第二阶段干预组）指挥官（宪兵机动队上尉），身穿水下作战行动时的指挥装备。

① 耳机 ② Aquacom 公司的产品 SSB-2010 水下无线电台 ③ 手枪及枪套 ④ 便携式无线电台 ⑤ 水下无线电台扩音器

⊖ C.R.A.B.E：Complete Range Autonomous Breathing Equipment 的首字母缩写，由水肺公司开发的潜水装备。

38. 通信器材（1）

发报机与接收器的基本原理及构造

通信或者广播是需要把资讯转化为电信号才能传送出去，因为声音是通过空气振动（压力变化）的方式传导，不将其转化为电波则无法传递到远方。转化的方法则是通过电压变化，将声波转换为电信号。这是以电波方式向外发送信息，需要电压随着时间推移发生变化。当声音转化为电信号的时候，就意味着空气压力的变化变成了电压的变化。

无线电台把接收到的声音或者信息转换为电波后交给发报机，而接收机则负责把收到的电波重新复原为声音或者信息。

麦克风接收到的声音是低频波，转眼间就会衰减殆尽，直接通过麦克风发报是不可能的事情。这就需要发报机利用振荡回路激发出具有一定的频率和振幅的交流信号，交流信号是高频电波，能够传导到很远的地方。以交流信号（载波）为基础，搭载信号波（由声音等转换来的电信号）就可以向远方发报，而将信号波加载于载波上的步骤就是信号调制，加载之后的信号波被称为调制波。

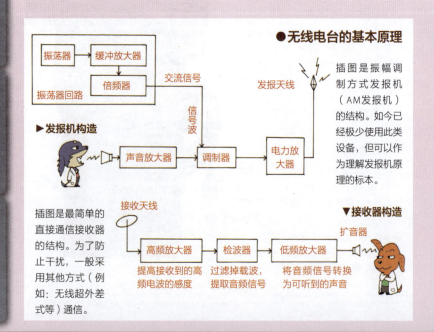

●无线电台的基本原理

插图是振幅调制方式发报机（AM发报机）的结构。如今已经极少使用此类设备，但可以作为理解发报机原理的标本。

插图是最简单的直接通信接收器的结构。为了防止干扰，一般采用其他方式（例如：无线超外差式等）通信。

【单兵装备】Individual Equipments of SOF

同时，将接收器的频率调节到与调制波相同频道上，就可以接收电波。由接收器将载波剔除后识别出信号波（被称为解调），再次还原成能够听到的声音。

通信或者广播使用的常规电信号，往往是随着电压变化发生连续性变化的模拟信号（将其调制为载波的方式叫作模拟通信）。与之不同的是数字信号，将连续波形变化的模拟信号以数百分之一秒为单位进行切割（片段化），每个片段用一个数值标识（数字化），数值则是由二进制法折算得出的。这种只有两个电压值（0伏和1伏）变化的数字信号的波形被称为脉冲波。现在，数字信号已极为普及，被广泛应用于电视、计算机、传真等领域中。

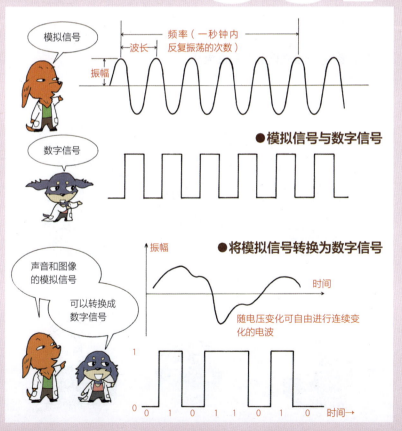

CHAPTER 2

39. 通信器材（2）

数字通信器材的优点

通信器材所采用的方式有模拟通信和数字通信两种，而军方和警方使用的是后者。数字通信使用的是数字信号（将电信号转换为数字模式），而它最大的优点是，可以将一切信息信号转化成数字形式，按照同种方式处理，而不必分门别类独立发送。例如，以往无线电只能发送声音信号或者电波信号形式的信息，进行数字处理之后，只要将无线电和计算机连接，就可以同时传送数据和视频信息。

军用通信导入数字技术之后，离前线几百千米，身处后方的司令官能随时获取情报，制定新的作战计划。同时，身处前线的一线指挥官也可以获得更多的情报，并根据战况灵活运用手中的兵力。此外，数字化使得装备的个头越来越小，可是能处理的信息量却越来越大，

●使用数字信号通信的保密性更高

将模拟信号传导的声音或图像信号信息转换为由0和1组成的信号（被称为编码），再根据数字信号调制载波的振幅、频率、相位等方式被称为数字调制。经过调制后的电波变成了脉冲信号，如果不知道调制方法则很难将脉冲信号还原成初始信号。

模拟信号极易遭到窃听或截获

模拟信号通信

数字信号通信如果不知道转换及调制方法则无法将其还原成初始信息

数字信号通信

【单兵装备】Individual Equipments of SOF

而且数字化之后的信息质量并未受到任何影响。数字化的信号波形简单，易于压缩，即使在传送中受到影响，出现波形变化，也能复原成初始信号（卫星节目的画质极少出现劣化的原因是，卫星以微波方式传送数字信号）。

换个话题吧，模拟信号转换为数字信号被称为符号化，可以分成脉冲编码调制（PMC㊀）、脉冲宽度调制（PWM㊁）等几种方式。如果未能掌握符号化的方式，那么想要将其复原成初始信息的难度极大。此外，数字信号也采用电波形式发送，也必须加入载波中，到底使用的是脉冲载波（脉冲调制）还是模拟电波（数字调制），具体的方法大不一样。而且每种调制方法还包括数个有差异的子模式。所以，即使有人监听或窃听了数字信号电波，如果不知道符号化及调制的方式也无法还原成初始信息，这也是数字通信一个很大的优点。

● **数字调制**

数字调制指的是，根据符号化之后的信号，改变载波的振幅、频率、相位的步骤，可以分成幅移键控（ASK㊂）、频移键控（FSK㊃）、相移键控（PSK㊄）等几种方式。其中最简单的是 ASK，类似模拟信号中的振幅调制（AM 调制），也就是将载波的振幅根据信号中的 0 和 1 进行变化的方式。这种方式的发报机原理如图所示，当信号为 1 的时候将开关切入 ON，发出载波，0 的时候切入 OFF，不发射载波。所发射的电波正好类似摩尔密码的密钥，可以利用 AN/PRC-152 型便携式数字无线电进行处理。

▼ ASK（幅移键控）

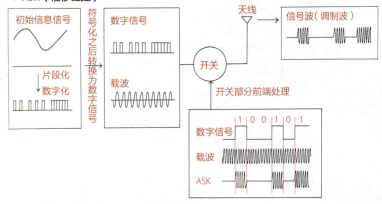

㊀ PMC：Pulse Code Modulation 的首字母缩写。
㊁ PWM：Pulse Width Modulation 的首字母缩写。
㊂ ASK：Amplitude Shift Keying 的首字母缩写。
㊃ FSK：Frequency Shift Keying 的首字母缩写。
㊄ PSK：Phase-Shift Keying 的首字母缩写。

CHAPTER 2

40. 通信器材（3）

隐匿性极强的扩展频谱通信技术

利用数字信号进行数字通信虽然给监听或窃听者带来了不少麻烦，但也不是就此高枕无忧。对此，一种名为扩展频谱通信技术的调制方式，所具有的安全性超过了通常的数字通信。

虽然数字通信在发送电波前采取了符号化、调制之类的手段提高了信息隐匿性，但是发送的电波往往只有一个频率（即电波发送时使用的频率带）。反观无线电发报机，从几十 MHz⊖到几百 MHz，可用的频率幅度极大（频率带），而发报的时候只能选择一个频率，接收方也只能根据事先约定，选择相应的频率接收信息（当然事情并非这么简单）。而扩散频谱通信可使用发报机允许的全频道发送电波。原本是由单频道发送的信息，通过赋予一个特殊的键控代码波形，就可以将

SINCGARS⊜（地空单一频道无线电系统）无线电台是最具代表性的军用扩展频谱通信器材。这是世界上第一款可使地空部队之间互相联络的无线电台，于 1990 年成为美国陆军的制式装备。插图中的 AN/PRC119 型是最基础的背负式机型，此外还有车载型和机载型，与其他各种附属配件搭配组合后，还可以进行数据交换或接发传真。

⊖ MHz：megahertz（兆赫），代表频率的单位符号。
⊜ SINCGARS：SINgle Channel Ground and Airborne Radio System 的首字母缩写。

【单兵装备】Individual Equipments of SOF

●扩展频谱通信的原理

下图简单地介绍了军用无线电经常使用的扩展频谱通信的原理。一般情况下，发射机只能用 1 个频率（频道）发送无线电波（将信号波搭载于载波之后的调制波），而扩展频谱通信则是赋予单频道电波一个特殊的键控代码波形，就可以将频率带拉宽进行发报。插图中展示的是扩展频谱的方式，及发报电波的频率随时间变化在频谱带上来回跃动的情况，也就是扩展频谱通信实现跳频的原理。

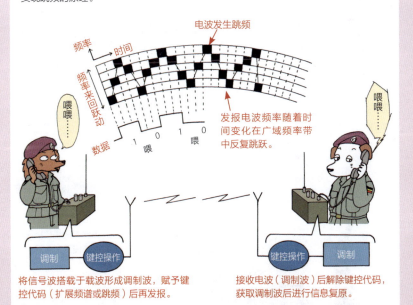

信息分散至多个频道。接收方收到电波后再用键控代码将原波形分离、复原即可。由于这种方式使用的发送波占据了极广的频谱，不知道键控代码的内容即使截获了电波也无法复原出初始信息。所以说扩展频谱通信极强的隐匿性才使它成了军用通信的首选。

扩展频谱通信大体上可以分为跳频（FHSS⊖）方式和直接序列扩频（DSSS⊖）方式，除了隐匿性很强之外，还具有很强的抗干扰能力。

⊖ FHSS：Frequency-Hopping Spread Spectrum 的首字母缩写。
⊖ DSSS：Direct Sequence Spread Spectrum 的首字母缩写。

CHAPTER 2
41. 通信器材（4）

现代军队不可或缺的通信卫星

利用通信卫星就能与地球另一端的地面发射台进行通信，这对于今天的军队来说是不可或缺的手段，而拥有大量国外驻军的美军更是如此。当然，特种部队就更不用说了。

通信卫星就是利用卫星把地面发射台的信号转发给地球另外一侧的地面发射台，也就是以太空中的卫星为信号中转站。这首先就需要卫星具备能接收电波的天线和接收器，接收电波之后还要对其进行放大以及对频率进行调制，所以卫星还必须搭载中继器。

通信卫星接收到地面发射台的音频（或者视频信息）之后将其转换为信号波，搭载于载波之后进行调制。调制的作用是将载波频率从超短波的中间频率转换成微波频率，转换成微波频率的调制波为加大传送距离还需要进行电力放大，然后经由抛物面天线发射出去。在这个阶段，通信卫星和普通的无线电发

◀ 使用 AN/PRC-117 背负式无线电进行卫星通信的美军特种部队士兵。为了将转换为高频电波的信号发送出去，通信卫星往往会使用抛物面天线。微波的直线传播性很强，这就需要将抛物面天线正对着卫星所在的方向。

射机没有差别，但是要穿透大气电离层，抵达相对地球静止轨道上的通信卫星就需要调制成微波，这一点就大不一样了。

由天线发出的电波需要花费 0.12 秒才能到达距地表 3.6 万千米的轨道卫星，卫星天线接收到上行电波（由地面发射台向卫星发射的电波），先由接收器放大，再经过变频器改变频率转换为下行电波（由卫星向地面发射台发送的电波），由卫星天线向地面发射台发送。为什么要改变频率呢？因为上行波和下行波频率相同的话会互相干扰。

地球另一端的地面发射台利用天线接收到卫星发来的电波后，经过低噪声放大器放大后，重新转换为中间频率，然后进行解调。解调是调制的逆向操作，也就是分离载波与信号波，并且为了能直接识别初始信息，还要将信号波还原成低频声波。

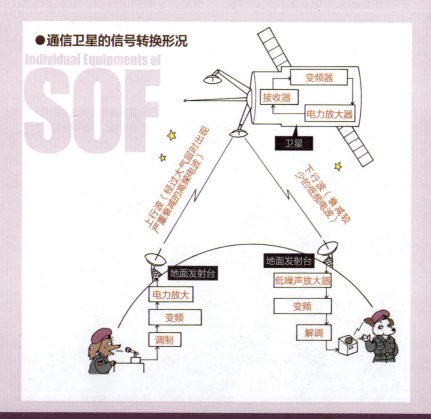

●通信卫星的信号转换形况

CHAPTER 2
42. 通信器材（5）

什么是加密通信？

军方和警方在使用无线电台时，必须使用具备密语功能的无线电台，即使是一些不重要的信息，被敌方截获后进行综合性分析，有时也会导致机密情报泄露，所以，军警无线电的加密能力都希望越强越好，但是在现实中无法做到十全十美。例如，具有高度保密性的扩散频谱无线电通信设备的价格高昂，从来不缺预算的军方想买就买，可惜警方就没那么阔绰了，必须在有限的预算内，买到足够好的无线电台，否则派不上用场就白费力气了。所以，警方只能买一些自带加密功能，价格比较亲民的通信器材。

加密通信的方式有以下几种：

①改变电波波形：这也是警方（包括日本警察在内）通信器材的常用方式。先和民用通信器材一样，经过变换形成（A/D变换：音频信号的模拟电波变换为数字电波）数字信号，不同的是在数字电波上增加扰乱，改变波形。这种方法在军用便携式无线电设备上得到了应用，虽

肯塔基州特警使用的是数码调制式无线电通信器材。

【单兵装备】Individual Equipments of SOF

然数字变换具有一定的保密性,但是市面上的解码机就能轻而易举地窃听军警通信。这就需要在信号中增加扰乱手段,这样一来,除非预先知道变换方式,否则无法窃听军警通信。而且解码需要专业知识和专用设备,因此具有极高的保密性。

②声波频率反转:将高低音反转后进行通信的方式。声音的高低不同,频率也不同,这种方式就是将声音的频率反转后发送电波,接收方进行解调之后复原成初始声音信息。虽然市面上的解码机也能轻松破解,不过这类设备胜在结构简单,价格低廉。日本警察也使用过这种机型,一直到20世纪80年代遭到破解窃听为止。

③声波分割:将声波频率切割成几个波段,打乱顺序后再发送电波。

④时间压缩:将声音频率的时间轴进行压缩或者拉伸后发送电波,从而增加扰乱信号。

第②种和第③种方式的加密组件无法搭载于无线电设备上,只能在麦克风和无线电设备之间使用。

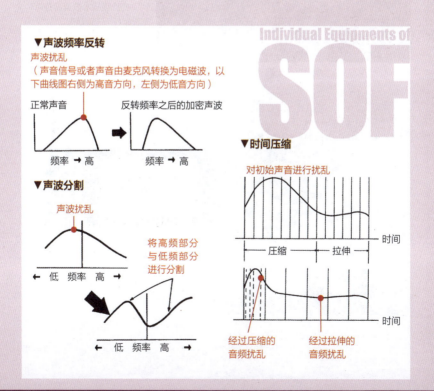

CHAPTER 2

43. 信息网络终端

智能手机成为战场必备之物

20 世纪 90 年代以后，无线电数字化使得可处理为数字数据的资讯（图篇、视频、文字资料等）都可以通过无线电进行传播。受此影响，通过便携式计算机控制瞄准器、监视设备、图像显示设备、GPS、无线电等设备，将每个步兵组合成信息网络已经成为趋势，而代表未来单

◀ 图为美军士兵正操作智能手机连接联合战术无线电系统的专用无线电 JTRS ⊖ -HMS （AN/PRC-154）。联合战术无线电系统的开发目的在于，将从陆军步兵的无线电设备到飞机机载战术数据链等所有设备互相连接起来。

▼ 左侧是智能手机，右侧是无线综合战术系统专用无线电通信设备。

◀ 法国陆军列装的 MTS ⊖，拥有和美国陆军的网络战士系统类似的功能。士兵手持的是触摸屏显示器，照片中隐藏在背后的是便携式计算机。

⊖ JTRS：Joint Tactical Radio System 的首字母缩写。HMS 是 Handheld, Manpack, Small form fit 的首字母缩写。

⊖ MTS：Modular Tactical System 的首字母缩写。

【单兵装备】Individual Equipments of SOF

兵战斗系统的"陆地勇士"也就应运而生,各国军队正在加紧研制的步伐。

不过,智能手机除了瞄准、监视功能之外已经具备其他单兵系统的功能。美国陆军发现,与其投入重金研究新一代单兵战斗系统,不如利用智能手机将士兵打造成信息网络更经济更方便。

● 数据打包通信

利用无线网络向计算机发送或接收图像及文字信息时,使用的就是数据打包通信技术。这种信息发送方式之所以被称为"打包",是因为和快递包裹有些像,发送货物的时候会写明收件人和发件人,邮递员再根据标注的地址将信息送达。在数据打包通信中,数据会被分割成不同的部分,各部分被赋予标注了收件人、发件人和判断发送成功或发送失败的标签信息之后,将数据打包发送。如果电波在发送环节上受到干扰的影响,未能送达正确的地址,接收方会自动要求发件方再次发送信息,如此反复,直到接收到所有被分割打包的信息为止。当信息被成功送达后,接收方会发出成功接收的信号。简而言之,数据打包通信就是利用单一频率和多个发射站台向目的地发送信息。它的优点是,凡是计算机能处理的数据就能正确送达(手机和智能手机本身就是数据打包通信方式)。

▲ 美国陆军空降兵正在将计算机连接哈里斯公司生产的 PRC-117G 无线电台,尝试数据打包通信。目前这种通信设备已经成了特种部队不可或缺的装备。

CHAPTER 2
44. 电子设备

提升战斗力的必备之物

特种部队的制式装备中，电子设备的发展速度令人惊异。原本在几年前笨重得难以搬运的各种电子设备，经过数字化之后，变得小巧不说，性能还有了更大的提升（尤其对不得不携带多种装备的特种部队来说，这可是天大的喜事）。以下几种装备颇具代表性：

①夜视仪：不仅清晰度提高了，还成为即使长时间使用也不会令人感觉疲劳的轻巧装备，加上激光指示器（照射目标，指明弹着点的瞄准装置），还可以进行夜间精准射击。

②望远镜：侦察任务不可或缺的望远镜，现在不仅新增了拍照功能，有些甚至可以与 GPS 联动，直接标定坐标位置。

③激光测距仪：原本是测量目标距离的装置，现在成为拥有导航功能、指引或标注火炮轰炸位置的利器，未来的用途还会继续增加。

④激光标识器（激光照射器）：同为使用激光的设备，它是利用

◀ 照片为 LLDR⊖（轻型激光标识测距装置，红色箭头所指）。由激光测距仪、热成像装置、用于捕捉目标位置的内藏式昼夜两用 TV、激光标识器等构成的装置，也是特种部队不可或缺的装备。

⊖ LLDR：Lightweight Laser Designator Rangefinder 的首字母缩写。

【单兵装备】Individual Equipments of SOF

陆地勇士（网络勇士）系统是利用电子装置提高士兵战斗力的新技术，也是大幅提高特种部队作战效能不可忽视的武器系统。但这样一来，特种部队队员就要掌握各种装备或器材的操作和保养方法，这或许也是另外一种负担吧。

激光诱导炸弹或导弹命中目标的装置。

⑤军用微型计算机：对于今天的特种部队来说，计算机已经成了不可或缺的装备。无线电台、GPS、激光标识器、激光测距仪等设备只要与计算机连接，就可以上传照片、视频，或者将目标的坐标位置加密后发送给后方。

这些电子装置赋予特种部队全天候执行侦察、攻击任务的能力。此外，计算机经过高性能化和小型轻量化，已经变为可穿戴设备（以穿戴方式随身携带）。

⑥数字无线电台：特种部队使用的无线电的最大特征是能进行卫星通信，可以发送或接收包括视频在内的多种数据。无线电台也通过数字化实现了小型化，并拥有了处理大容量信息的能力。

电子设备数字化使无线电台与计算机合二为一，能够轻松处理包括视频在内的各种数据。例如，现在用数码相机拍摄的视频可以随时发送给远方的司令部，而负责制定作战计划的司令部能不间断地从世界各地收集情报，其中的好处不言而喻。

未来，电子装备的发展会将特种部队的战斗力提升至一个新的高度，给未来的战争形态和电子装备的作用带来革命性的改变。

CHAPTER 2

45. 头盔

特种部队中用途广泛的新型头盔

进入21世纪，美国陆军特种部队列装了一款划时代的头盔——模块式整体个人无线通信头盔（MICH⊖头盔），它作为先进战斗头盔（ACH⊖）成为制式武器，目前已经普及到了普通部队。

到了2010年前后，特种部队大量使用以 OPS-CORE 公司的 FAST 系列平滑槽高切头盔为代表的，使轻量型纤维工程塑料制成的头盔。

▶ 头戴 MAS 公司的 ACH TC-2001 凯夫拉防弹头盔的法国陆军特种部队队员，头盔前方安装的是夜视仪挂载接口。该头盔为了实现轻量化，与 ACH 头盔相比，侧部做了更大范围的侧切。

Individual Equipments of SOF

▶ 头戴拥有三级防弹能力的 ACT 侧切型 ACT TC-2002 头盔的美国陆军特种部队队员。这款头盔与 ACH TC-2001 不同的是侧切的位置，多少保留了原始版 ACH 侧面突起的部分。前方搭载的是夜视仪，头盔上突出的是挂载各种装备的轨道系统。

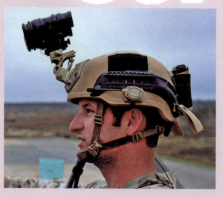

⊖ MICH：在凯夫拉 PASGT 头盔做了侧切，可直接戴上耳机。
⊖ ACH：Advanced Combat Helmet 的首字母缩写。

【单兵装备】Individual Equipments of SOF

●OPS-CORE 公司的头盔

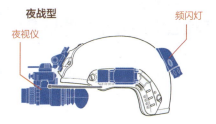

夜战型 — 夜视仪、频闪灯

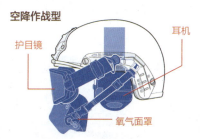

空降作战型 — 护目镜、耳机、氧气面罩

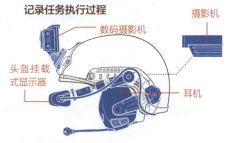

记录任务执行过程 — 数码摄影机、摄影机、头盔挂载式显示器、耳机

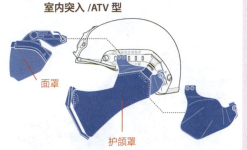

室内突入/ATV 型 — 面罩、护颌罩

（上图）美国空军伞降救援队（PJ）成员头戴搭载了夜视仪的 FAST 高切头盔。

（下图）FAST 高切头盔的后视图，后方挂载的是频闪灯，下方的圆盘形物体是为了让头盔贴合头部，能对头盔衬垫进行调节的头部尺寸刻度盘。侧部导轨材质为塑料，OPS-CORE 公司自 2006 年开始向美国的军警生产和销售轻量化头盔以及相关附属配件。

▶逐步向系统平台进化的头盔

轻量化头盔的秘密在于，轻量纤维工程塑料（三级防弹凯夫拉及高分子涤纶等）材质的外壳下是吸收冲击力的泡沫塑料内衬，它也是美军特种部队的常用头盔。根据外壳的形状和材质，可以把头盔分为战斗头盔、空降头盔等多个种类。头盔最大的特征是，加装侧部导轨后，头盔就成了系统搭载平台。

46. 夜视仪（1）

有源式与被动式的区别

人类的肉眼在黑暗中的视力几乎为零，这时就需要光学电子仪器——夜视仪来提供视力辅助。而夜视仪分为有源式和被动式两种，前者是用红外线照射目标⊖，然后将反射光线转换为图像的红外线夜视仪。后者则是通过将物体反射的微量光线进行增幅后，再转换成图像的夜视仪，AN/PVS-1 夜视仪可将微弱的可见光增幅 4 万倍。

◀ 美军单眼式第三代夜视仪 AN/PVS-14 微光型（目前军用装备基本上是微光型），由于外形小巧，重量较轻，在特种部队中得到了广泛应用。照片中是该装备搭载于头盔时的状态（不使用时可以推到头盔上方进行固定）。夜视仪通常用在监视任务等方面，而单眼式夜视仪可以作为武器辅助配件，与红外线激光标识器并用。单眼式夜视仪的优点在于，只使用了单侧眼，所以队员能够更好地把握距离感。

◀ 照片是全息式夜视仪 AN/PVS-21，原本是为飞机搭乘人员开发的装备，使用者通过特殊加工过的镜头观察前方。镜头部分的微光式夜视仪的图像可直接投影显示，使用者在没有开启设备时可以挂载在护目镜上方。镜头上还可以投影显示距离的刻度。此外，可以和红外线摄影设备组合，将夜视仪的图像直观地投影出来。在伊拉克，美英临时组建的特种部队塔斯克第 145 军所属的 SAS 队员曾经使用过这种方法。

⊖ 红外线照射目标：虽然人类肉眼看不见红外线，但是，如果对手佩戴夜视仪的话，作为照射源的红外线就成了靶子，因此有源夜视仪现已全部退役。

【单兵装备】Individual Equipments of SOF

微光夜视仪又名星光镜,是现在的主流装备。但是,由于需要月亮或星星的微弱光芒照射物体,设备才能在捕捉到影像后进行电子增幅,所以在无光的黑暗中或没有月光时无法使用。

经常有人会问,白天使用星光镜能看见什么,或者突然用强光照射星光镜会有什么后果。首先,这类设备在白天无法使用;其次,用强光照射星光镜时,设备会自动切断电源(为保护使用者的眼睛,会立即断电);此外,戴着星光镜向黑暗的地方望去,设备会自动开启。

● 夜视仪的原理

插图是第三代微光夜视仪的结构简图。由于光线无法直接增强,捕捉到微弱影像(反射光)之后,在光电面将影像变换成电子,再利用光电倍增管(MCP⊖)进行增幅。然后重新在荧光面将影像还原,显示在光学纤维面板上看,好像光线被加强了(在这个过程中,颜色相关的信息会消失,只能呈现出绿色的图像)。目前,夜视仪已经开发出了第四代,从第三代以后,光线增幅效果得到提高,而且成功延长了装置的使用寿命。此外,新型号的最大特征是,遭到强光照射时不会出现画面朦胧、变形之类的问题。

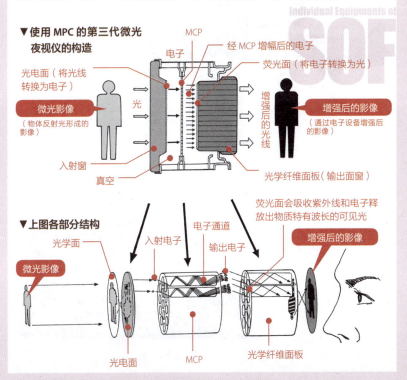

▼ 使用 MPC 的第三代微光夜视仪的构造

▼ 上图各部分结构

⊖ MCP:Micro-Channel Plate 的首字母缩写。

CHAPTER 2
47. 夜视仪（2）

将物体热源可视化的摄影设备

"高于绝对零度○的所有物体会放射热量（红外线），而红外线的放射量与温度成正比。"根据这一原理发明的就是红外线成像装置（热源夜视仪）。这种装置是通过捕捉物体发出的红外线，再将物体的温度分布以电子影像方式进行可视化的装置，所以在没有光源的地方也能识别物体，利用温度差就能将隐藏在树丛或草丛中的敌人识别出来。而且，红外线的穿透性优于可视光，因此这种装置的优点是可以

◀ 直到 20 世纪 90 年代，大个头的红外线成像装置依旧难以挂载到枪械上，因为那时决定装置性能的感应单元工作时所需的冷却装置难以做到小型化。然而到了 2000 年前后，不必使用外带瓦斯罐的斯特林制冷机的成功开发，使红外线成像装置的小型化得以实现。到了现在，如照片所示，它的大小非常接近红点瞄准器。

▶ 照片中的 AN/PSQ-20 是将微光夜视仪与红外线成像装置一体化之后开发出来的侦察装置。夜视仪和红外线成像装置在结构上存在着极强的互补性，两者的图像互相重合，即使在观察远景时都能清晰地看到与环境温度差异较大的物体（如野外行军的士兵）。

○ 绝对零度：绝对零度（热学温度）为 0K，按摄氏温标计算为零下 273.15℃。红外线放射量以绝对温度的 4 次方为单位递增。

【单兵装备】Individual Equipments of SOF

在一定程度上透过雾气或烟幕进行观察。

早期的红外线成像装置外形巨大，随着红外线成像装置的小型轻量化，如今它已经成了特种部队不可或缺的夜视仪。

▲ 通过红外线成像设备成像的直升机，温度高的引擎呈现出红黄相间的亮色。

●红外线成像装置的原理

目标物体放射出的红外线进入装置内部，通过聚焦扫描系统（感应单元可以解析目标物体发出的红外线，并转换为电信号），在经过放大后在图像显示装置上投射出来，生成黑白图像（也可以和热成像仪一样显示颜色，但是识别度不高，一般显示为黑白图像），温度高的部位显示为白色（图像可以进行黑白反转）。无论是夜间还是恶劣天气，都能像白天一样纤毫毕现。

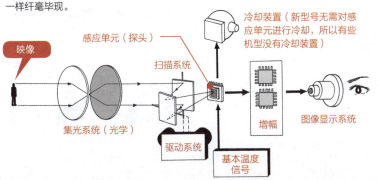

CHAPTER 2
48. 战斗口粮

战斗口粮是战时特种部队的主食

提到士兵在战场上摄入的食物，美军的战斗口粮（MRE⊖）可以说是其中的代表。对于士兵来说，食物是在战场上保持斗志、发挥战斗力的原动力，战斗口粮的目的是为士兵提供必要的热量⊖和营养。

各个国家的战斗口粮各有千秋，在此专门介绍美军的战斗口粮。

◀ 应用于高寒地带的 RCW⊖ 口粮，为防止出现食品冻结现象，大多采用冷冻干燥的方式，并以含水量低的材料为主。

▼ 可以说正在逐步成为美军 MRE 主流的自热式口粮，目前的战斗口粮不仅仅是补充所需能量与营养，口味也大有改善。一份 MRE 就能为士兵提供 1200 千卡 ~1300 千卡的热量。照片是口粮附带的 FR 加热片（加水式加热剂），不用明火就能加热食物。

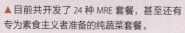

▲ 目前共开发了 24 种 MRE 套餐，甚至还有专为素食主义者准备的纯蔬菜套餐。

- ⊖ MRE：Meal Ready-for-Eat 的首字母缩写。
- ⊖ 热量：不同战区情况不同，一般认为体重约 74 公斤的男性士兵单日需摄入 2800 千卡 ~3600 千卡的热量。
- ⊖ RCW：Ration, Cold Weather 的首字母缩写。

【单兵装备】Individual Equipments of SOF

▲ 分享食物,共同度过享用美食的时间,照片上,各国军人在用餐时充分交流。对潜入充满敌意的地区展开作战的特种部队来说,通过共同用餐和当地人建立互助关系不失为一种手段。

● **作战行动中的特种部队队员都吃些什么呢?**

作战行动中的特种部队队员主要还是吃战斗口粮。尤其是执行小组行动的特种部队,他们基本上无法获得补给。由于无法生火做饭,而且 FR 加热片会成为累赘,队员们通常不会使用它,往往只携带 MRE 当中部分合口味的食物。携带的食物越轻越不占地方、产生的垃圾越少越好,因此 RCW 或 LRP ⊖ 之类的冷冻干燥口粮比 MRE 自热口粮更受欢迎,能够在短时间内补充必要热量和营养的特种高能食品(照片显示的是一种能量棒——HOOAH! ⊖)也是选项之一。不过,长期摄入作战口粮这种高热量重口味的食物,尿液的气味会非常刺鼻,容易被敌人发现,敌人带着军犬时更加危险。

⊖ LRP: Long Range Patrol 的首字母缩写,代指特种部队专用口粮。
⊖ HOOAH!:被称为"士兵燃料"。

第2章 单兵装备 143

CHAPTER 3

Group Equipments of
SOF

部队装备 第3章

特种部队的装备并非只有随身携带的那些东西,还有直升机以及运输机之类的航空器、车辆、舰船、潜艇、无人机等,为执行困难的作战任务,支援特种部队队员的武器装备还有很多。本章向读者展示活跃在特种作战中的各种大型装备,以及特种部队的支援部队在作战行动中的行动方式。

CHAPTER 3

01. 特种作战直升机（1）

空中支援部队——暗夜潜行者

美国陆军第 160 特种作战航空团——暗夜潜行者㊀的主要任务是运送特种部队人员和补给，以及相关的侦察活动等，他们的主要工具是专门为特种作战改装的直升机。这些特种直升机除了能运送特种部队人员之外，还搭载了各种电子设备，具有极强的反应能力和全天候作战能力。

▲ 正在运送特种部队队员的 MH-6M 小鸟直升机，驾驶舱外侧是名为外挂板系统（EPS㊁）的可拆卸式座椅，可搭载特种部队队员，便于队员们在着陆后迅速展开，也可以作为狙击手座位，从空中射击地面目标。第 160 特种作战航空团也列装了 MH-6 直升机的武装攻击型号 AH-6M "杀手蛋"直升机，可搭载 AMG-114 地狱火反坦克导弹和 M261 火箭发射器，这种攻击型直升机则没有安装 EPS 座椅。

Group Equipments of SOF

㊀ 暗夜潜行者：因在 1993 年上映的电影《黑鹰坠落》中露面而广为人知。
㊁ EPS：External Plank System 的首字母缩写。

【部队装备】Group Equipments of SOF

目前,第160特种作战航空团的司令部设在肯塔基州坎贝尔要塞,部队规模大约为1800人,拥有MH-6M、AH-6M、MH-47G、MH-60L/K/M等各种型号的飞机合计180余架。

▼ 第160特种作战航空团目前正面向美国陆军招募拥有旋翼飞机驾驶资格的人员。但是,应聘选拔标准极为严格,即使合格之后也要接受长期训练。候补飞行员结束基础科目和战术科目培训后,作为副驾驶员参加实战,成为正驾驶员至少需要一年半时间。之后晋升为带领编队的小队长再需要1~2年左右。暗夜潜行者的飞行员们可以戴着夜视仪完成夜间飞行任务,据说他们的驾驶技术力压美国空军的直升机驾驶员。照片是以悬停姿态协助特种部队机降的MH60黑鹰直升机。

第3章 部队装备　147

CHAPTER 3
02. 特种作战直升机（2）

第 160 特种作战航空团的专属直升机

▼ MH-60K

▲ MH-60K 搭载了具有全天候地形跟踪、地形回避飞行功能的 AN/APQ-174B 雷达，驾驶舱内还设有以多功能显示器（MFD⊖）为主的全显示器驾驶座舱⊖，是专为特种作战而改造的机型。为了提高航程，专为该型号直升机加装了空中受油管，可以说这是一款美国陆军专为特种作战打造的初代特种直升机。从 1988 年开始服役，直到 2014 年 7 月一直是第 160 特种作战航空团的主力机型。上方照片是 2011 年开始列装的 MH-60M 直升机，它是 MH-60K 的后续机型，搭载最新型通用电气公司的 CT7-8 B5 涡轮引擎，航空电子设备等也都进行了更新。

⊖ MFD：Multi-Function Display 的首字母缩写。
⊖ 全显示器驾驶座舱：所有驾驶数据展现在显示器上，不使用任何仪表的座舱。

【部队装备】Group Equipments of SOF

▼由 MH-60 改造而成的隐形直升机

▲ 美军在 2011 年 5 月实施的"海王之矛"行动中,投入了由 MH-60 改造而成的隐形直升机(插图为想象图)。在该行动中,2 架隐形直升机和搭乘 MH-47 的 25 名 DEVGRU⊖队员从阿富汗领土的美军基地起飞,突袭位于巴基斯坦的本·拉登藏身之处。虽然作战取得成功,但是 1 架隐形直升机由于引擎故障坠毁。

照片为 2006 年开始列装的 MH-47G,是 20 世纪 90 年代服役至今的 MH-47E⊖的后续机型,更换了高性能 T55-GA-714 型引擎(E 型机为 T55-L-714),导航装置也进行了强化,可以按照片中的方式在空中吊运橡皮艇。

⊖ DEVGRU:由海军特种部队海豹突击队派生的反恐部队。
⊖ MH-47E:大型运输直升机 CH-47C 支奴干的特种作战改造型号。

CHAPTER 3
03. 空中支援（1）

美国空军特种作战部队的专用特种机

● MC-130H"战鹰之爪Ⅱ"

被称为"战鹰之爪Ⅱ"的 MC-130H 是美国空军为支援特种部队作战，用 C-130"大力神"运输机改造的特种飞机。主要任务是进行长途运输，协助特种部队潜入敌后、运送补给、人员回收等特种部队辅助工作。为规避敌方雷达系统，专门装备了低空飞行辅助装置、独立导航系统等多种电子装置，足以称得上是特种部队专用飞机。机头搭载了 APO-170 雷达⊖天线，所以机鼻呈鸭嘴状，在这些电子装置的辅助下，该机在任何天候都可以完成 80 米低空地形跟踪飞行。此外，由于导入了多功能显示器（MFD），该

⊖ APO-170 雷达：集 X 波段雷达的地形回避、追踪雷达和波段气象探测、地形测绘、雷达导航功能于一体的雷达。

【部队装备】Group Equipments of SOF

机实现了全显示屏座舱，并对空中加油装置、防爆燃料箱、外部照明等进行了改造。改良型高速低空空投装置（HSLLADS㊀）设置于机体下方指示灯附近的侧板处，C-130在最高开仓时速130千米时，仍可实施空投作业。所搭载的电子装置源自IBM为计划中止的HH-60夜鹰运输机开发的产品。MC-130H的机组核定成员由正副驾驶员、导航员、电子战士官、空中机械师、荷载管理等6人构成。

❶QRC-84-02A 红外线干扰装置 ❷导航天线 ❸副油箱 ❹红外诱饵弹投放器 ❺AAR-44 导弹发射报警装置天线 ❻特高频（UHF）天线 ❼电子设备冷却进气口 ❽电子干扰（ECM）天线 ❾前视红外仪（AAQ17FLIR） ❿APQ-170 雷达 ⓫惯性导航装置 ⓬GPS天线 ⓭卫星通信天线

▶2006年开始列装的MC-130W"战斗之矛"运输机，也是第一款搭载了通用空中加油容器滑道的机型，可以给CV-22鱼鹰旋翼机加油。

打开机身下方的舱门实施物资空投的MC-130J"突击队Ⅱ"运输机，是2011年新列装的机型。主要负责特种部队人员及装备空投、特种作战直升机或旋翼机空中加油任务。

㊀ HSLLADS：High Speed Low-Level Aerial Delivery System 的首字母缩写。

第3章 部队装备　151

CHAPTER 3
04. 空中支援（2）

美国空军特种作战部队的局部火力压制攻击机

◀AC-130J"幽灵骑士"是最新型的武装飞机，实战配备预计于 2017 年完成。该机搭载的精确打击包（PSP⊖）是用于支援地面部队的精确攻击系统，拥有双电子光学红外线感应器、全天候合成孔径雷达等装备。自卫武器只有 30 毫米口径 GAU-23/A 蝮蛇机关炮（美国空军承认 AC-130J 搭载的是 105 口径加农炮，但是从照片来看并非如此），不过现在可以使用 GBU-44/B "蝮蛇打击"诱导炸弹、AGM-176 "狮鹫"空地导弹等武器，加强了攻击圈外打击⊖能力。

● AC-130U 空中炮艇

美国空军特种作战军团的制式武器 AC-130U 是专门实施空对地压制的攻击机，也就是武装飞机。AC-130U 在拥有强大火力的同时，最大的特征是搭载了众多高端电子装备，可以在任何天候飞行，无论昼夜均可进行火力支援（武器管制装置可以做到同时攻击两个目标）。

⊖ PSP：Precision Strike Package 的首字母缩写。
⊖ 攻击圈外打击：在敌人防空武器的有效射程外发动攻击。

【部队装备】Group Equipments of SOF

▲截至 2014 年夏天,最新型武装飞机 AC-130W"毒刺Ⅱ",也是最早运用 PSP 的机型。PSP 依靠"神枪手"武器控制系统,能够有效运用可实施攻击圈外打击的 GBU-44/B 及 AGM-176 等武器。搭载 PSP 的目的在于,使原本只能执行对地火力压制的 AC-130 成为可以完成货物运输及侦察等任务的多用途飞机。

▼AC-130U 空中炮艇的外观

此外,为了应对来自地面的电子干扰、对空导弹等袭击,该机还搭载了红外线干扰装置(AAR-44 红外线警戒装置、QRC-84-2 红外线干扰装置、指向性红外线干扰手段 DIRCM 等)以及 ALR-56M 雷达警戒装置、ALQ-172 雷达干扰装置、ALR-47 箔条诱饵弹和红外诱饵弹等防御手段。

❶ 雷神 AN/APG-180 多功能雷达 ❷ 德州仪器 AAQ-117FLIR(前视红外仪)❸ GAU-12 25 毫米口径的加特林机炮(射速每分钟 1800 发)❹ 马可尼 ALLTV(低光量摄像机)❺ 加特林炮弹匣 ❻ 升降系统 ❼ T56-A-15 艾利逊涡轮推进引擎(最大功率 4910 马力)❽ M102 105 毫米口径榴弹炮(每分钟 6~8 发)❾ L40 博福斯 40 毫米口径速射炮(每分钟 100 发)❿ 卫星通信天线 ⓫ 射击管制面板 ⓬ 导航装置面板 ⓭ 电子战管制面板 ⓮ 监视座位 ⓯ 休息区 ⓰ 驾驶舱

第 3 章 部队装备　153

CHAPTER 3
05. 地空回收系统

飞机牵引气球即可回收人员

地空回收系统（STARS[⊖]）是以富尔顿回收系统为蓝本改良而成。富尔顿回收系统是在直升机还不够先进的20世纪50年代，为了救助在海上漂流的落难人员，使飞机可以在不实施水面降落的情况下完成救援作业而设计的。新的人员回收系统利用气球，可以在直升机都无

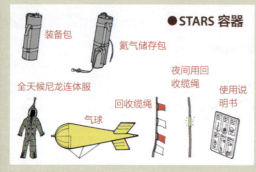

● STARS 容器

涤纶气球全长约7米，最大直径约2.4米，附带吊索，这条连接人体与气球的尼龙吊索长约150米，最多可以吊起3吨重的物体。缆绳前端带着醒目的小旗，同为尼龙材质的连体服附带可调节松紧的索具。

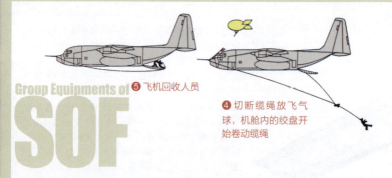

❺ 飞机回收人员

❹ 切断缆绳放飞气球，机舱内的绞盘开始卷动缆绳

● STARS 步骤

将飞机投下的STARS容器中的气球充满氦气并上浮至空中，被回收人员在此时要穿好连体服，将索具的挂钩与气球缆绳的挂钩相连。当气球到达预定的高度时，赶来的运输机（回收机）用机鼻前端的回收臂抓住缆绳，同时将气球放飞。机舱内的绞盘开始回收缆绳，最终将人员带回机舱。该回收系统能将114公斤重的人员提升至3000米高度（双人的最高限度约为1800米）。

⊖ STARS：Surface To Air Recovery System 的首字母缩写，也有人将其简单地理解为"天钩回收系统"。

【部队装备】Group Equipments of SOF

法接近的地点完成人员回收作业。

STARS 在救灾方面的效果不佳，不过，在回收被特种部队抓获的俘虏的时候倒也有些作用。到了 1996 年，该系统被美军废弃。

▲ 实施回收作业中的 MC-130 张开了 V 字形回收臂。

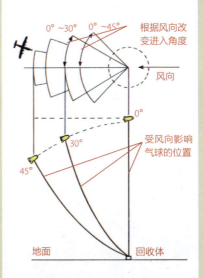

● 风速对回收作业的影响

一般情况下，风速在每小时 37 千米（图中气球和垂直方向呈 30°角时）以下可以安全回收人员。随着风速的加快，气球被吹离原位，进入运输机的角度会越来越窄，回收难度会增大。人员回收时风速上限为时速 56 千米（图中气球和垂直方向呈 45°角时）。

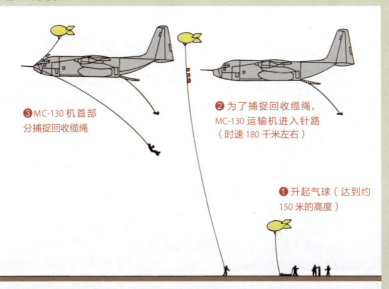

❸ MC-130 机首部分捕捉回收缆绳

❷ 为了捕捉回收缆绳，MC-130 运输机进入针路（时速 180 千米左右）

❶ 升起气球（达到约 150 米的高度）

第 3 章 部队装备　155

CHAPTER 3
06. 特种作战车辆

特种部队专用车辆的性能要求

特种部队专用车辆要求具有以下性能：可单车长期完成巡逻、侦察、进攻等任务，允许最小作战单位约 3~4 人乘坐，必须能装载所需要的武器、弹药、各种装备、通信器材、口粮等物资，除了要能穿越普通车辆无法通过的荒地、沙漠之外，还必须拥有高机动性。

在紧急展开时，还要能够用直升机空运，这点尤为重要。

▶ 近些年，以美军特种部队为首的作战单位开始迅速普及全地形车（ATV[⊖]），这种车是基于摩托车技术生产的四轮驱动车，能够穿越极度崎岖的地形，操控方法与摩托车基本一样。

▼ SOCOM 采用的北极星公司的 MRZR2 全地形车，搭载 875cc 的 88 马力汽油引擎，驾驶系统与汽车同为矢量方式，可乘坐 4 人，车体后部为载重台，载重量为 450 千克。

⊖ ATV：All Terrain Vehicle 的首字母缩写。

【部队装备】Group Equipments of SOF

◀ 诺斯罗普·格鲁曼公司正在为美军特种部队开发的高性能车辆 MAV-L⊖，搭载的是 220 马力引擎，这款车辆极度重视崎岖路况下的行驶性能，因此在提升了引擎性能与车轮组件的牢固程度的同时，为了实现车身轻量化，还将基础车型的整个驾驶室都裸露在外。根据行驶的环境与天候可以另行加装车门。可乘坐 6 人（根据装载的情况还可以增加 1 名乘员）。

● 特警部队的特形车辆

照片中为突入作战时使用的战术反应车（TARC⊖），是美国格鲁门公司以履带版 257B 多用途装料机为蓝本，加装了可动式装甲平台的车辆。一般在突入持有大威力轻武器的犯罪分子所据守的房间时，作为支援车辆使用。可以上下移动的力臂的正前方是带防弹玻璃的装甲板，突入时装甲板的门可以打开。该车的平台能搭载 3~4 名武装突入队员。

⊖ MAV-L：Medium Assault Vehicle-Light 的首字母缩写。
⊖ TARC：Tactical Response Car 的首字母缩写。

CHAPTER 3
07. 特种作战船只

水下、水面特种作战的支援船只

对于展开陆海空三栖作战的特种部队来说，水下、水面作战的支援舰艇是重要的装备之一。

美国海军建制中，有专门为海豹突击队等特种部队配备专用特种船舶，主力装备是旋风级巡逻艇和 Mk5 特种任务艇。这些舰艇以高速见长，甚至能在行驶中从舰尾投放或回收特种部队专用的橡胶突击艇（CRRC⊖），可以说是为支援任务特设的装备。

续航能力为 800 千米，速度超过 65 节，拥有这种高机动性的 Mk5 特种任务艇的船身，大量使用了复合材料，船尾能牵引回收 CRRC。

旋风级巡逻艇是美国海军为海岸防御及特种作战支援任务开发的型号，装备了 25 毫米口径主炮、12.7 毫米口径机枪、7.62 毫米口径机枪等武器。初始型号是美国首艘巡逻艇级舰船，全长 51.6 米，宽 7.6 米，排水量仅为 328 吨。钢骨架铝制船身，是一艘使用柴油引擎，速度可达 35 节（时速 65 公里）的高速舰艇。

Mk38 25 毫米口径主炮

⊖ CRRC：Combat Rubber Raiding Craft 的首字母缩写。

【部队装备】Group Equipments of SOF

◀ 美国海军特战群特种舰艇小组正在驾驶作战冲锋艇（SOC-R⊖）。火力强劲的 GRU-17 迷你机关枪搭配 M2 重机枪，将整艘高速快艇武装成了"刺猬"。它的主要任务是支援海豹突击队的作战行动，船员被命名为特战舰艇乘员（SWCC⊖）。

▶ 正在划动海洋皮划艇的德国海军潜水部队，为了保证行驶的方向性并防止偏移，船尾加装了方向舵。皮划艇作为秘密潜入敌后的手段在第二次世界大战就出现了。

用于回收 CRRC 的滑道和吊车

▲ 旋风级第十号艇"火力钉号"。

⊖ SOC-R：Special Operations Craft-Riverine 的首字母缩写。
⊖ SWCC：Special Warfare Combatant-craft Crewman 的首字母缩写。

CHAPTER 3

08. 特种部队支援潜艇

为特种作战而改造的核潜艇

潜入敌后的特种部队在海岸登陆或撤退时,最适合的舰艇莫过于潜艇。各国的特种部队在作战中都会使用潜艇,但是最依赖潜艇的莫过于美军。

从 2001 年开始,美国海军把 4 艘俄亥俄级[一]战略核潜艇(SSBN)改造成巡航导弹潜艇(SSGN),这 4 艘改良过的俄亥俄级潜艇以战斧巡航导弹为武器,并为在战区的沿海地区行动的海豹突击队提供支援。

❶ASDV[二]:改良型海豹突击队队员运输系统。由锁闭系统进行接驳,乘员可以从潜艇内直接搭乘 ASDS ❷减压舱 ❸接驳口:由母舰直接进入干甲板掩蔽舱(DDS[三]) ❹SDV[四](海豹突击队队员运送艇) ❺DDS 屏蔽门 ❻导弹发射管:被称为连接 DDS 的通道 ❼导弹发射管:作为武器弹药存放库使用 ❽正在向 DDS 进发的海豹突击队员 ❾搭载巡航导弹的发射管(1 个发射管可容纳 7 发战斧导弹)

▼图为于 2004 年 3 月编号由 SSBN-729 变更为 SSGN-729,同时完成舰种改造的俄亥俄 4 号潜艇"佐治亚"。上甲板加装了 DDS,改良后的俄亥俄级潜艇常驻 60 余名海豹突击队队员,舰长为中校或上校军衔。

● 改良型俄亥俄级潜艇的特种部队支援装备

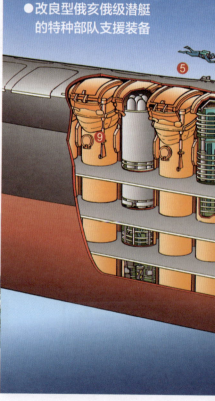

[一] 俄亥俄级:美国拥有的最大型战略核潜艇。
[二] ASDV:Advanced SEALs Delivery Vehicle 的首字母缩写。目前 ASDV 计划处于停摆状态。
[三] DDS(Dry Deck Shelter):由潜水员在潜航中可以出入的气闸室与小型潜艇格纳库组成的装置(可拆装)。
[四] SDV:Swimmer Delivery Vehicle 的首字母缩写。

【部队装备】Group Equipments of SOF

照片中是甲板上搭载了 DDS 的潜艇和正准备装入艇内的 SDV Mk Model8，海豹突击队队员可由潜艇内部进入 DDS，然后出动 SDV 即可，SDV 是将海豹突击队队员及其装备运送到目的地附近的特殊小型潜艇。

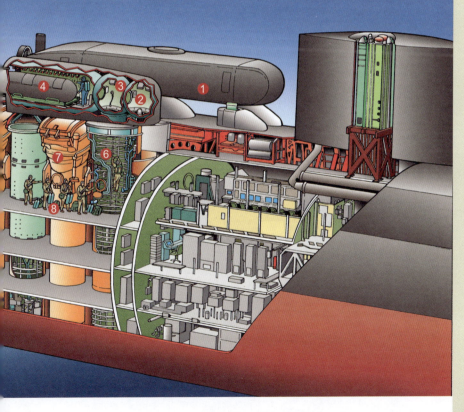

第 3 章 部队装备　161

CHAPTER 3

09. 无人机（1）

无人攻击机——MQ-9"收割者"

原本负责侦察任务的无人飞行器（UAV⊖），很快就成为武器搭载平台，接着，具备发现目标并能即刻发起攻击的武装型无人机也就应

●MQ-9"收割者"的内部结构图解

以通用原子公司生产的 MQ-1⊖ "捕食者"为原型，强化了武器搭载能力与飞行性能，由此开发出的无人战斗机（UCAV）就是 MQ-9"收割者"。虽然"收割者"能独立搜寻并攻击目标，但它更擅长的是与"捕食者"配合完成猎-歼战术。美国空军将由"收割者"编组的无人机战斗群投入了实战，他们自称效果极为理想。

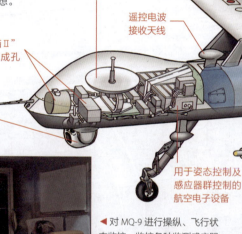

内部燃料罐
卫星通信天线
遥控电波接收天线
AN/APY-8 "山猫Ⅱ"多模式雷达（合成孔径雷达）组件
MTS-B：包括由光学 / 红外线照相机、激光指示器等构成的瞄准系统，以及搜索、捕捉目标、攻击相关的传感器
用于姿态控制及感应器群控制的航空电子设备

◀ 对 MQ-9 进行操纵、飞行状态监控、监控各种监测感应器作业的地面站。由运管军官（整体任务指挥官）、UAV 控制军官（UAV 操作手）、图像解析军官（在控制 UAV 变速器探头的同时，对图像进行解析）组成一个小组，负责监控、使用无人机。

⊖ UAV：Unmanned Aerial Vehicle 的首字母缩写。
⊖ MQ-1：原本名为 RQ-1，取自代表侦察的"R"和代表无人机的"Q"，后来具备了对地攻击能力，自 2005 年开始以多种任务的"M"命名，更名为 MQ-1。

【部队装备】Group Equipments of SOF

运而生了。

今天，这些被命名为无人攻击机（UCAV⊖）的武装型 UAV，在阿富汗、巴基斯坦、伊拉克、也门的实战中，立下了赫赫战功。插图是 MQ-9"收割者"，也是美国空军特种作战军团的利器。

⊖ UCAV：Unmanned Combat Aerial Vehicle 的首字母缩写。

第 3 章 部队装备　163

无人机（2）

无人攻击机 MQ-9 的作战任务

插图是 MQ-9"收割者"执行攻击任务的例子。

MQ-9 无人机被投入到多种任务中，并取得了赫赫战果，可是存在的问题也不容忽视。首先，MQ-9 的基础机型在设计阶段没有考虑到搭载武器，因此在执行战斗任务时会受到一定的限制。其次，通过无人机传回的画面进行遥控攻击，很有可能会波及无辜人员。

还有就是使用无人机容易出现过度杀戮倾向，以及操作人员的严重心理负担等现象，这些都是在过去的战争中不曾遇到的问题。

未来，对 MQ-9 这类无人机的需求还会进一步扩大，但是需要解决的问题也不少。

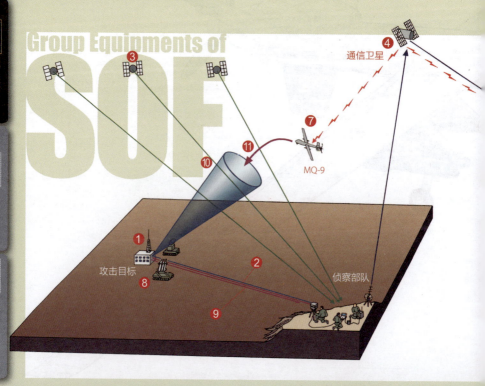

【部队装备】Group Equipments of SOF

● 猎 - 歼战术

插图是侦察 UAV 和无人攻击机 MQ-9 组合完成攻击任务的例子。侦察 UAV ❶ 在目标上空通过自动或手动进行侦察。当侦察 UAV 的感应器捕捉到目标 ❷ 时,侦察情报 ❸ 同步发送到管制中心。管制中心下达攻击目标的指令后,侦察 UAV 对目标发射导弹指示激光 ❹。管制中心对 UCAV 发出攻击指令 ❺,搭载反坦克导弹的 MQ-9 ❻ 开始接近目标。MQ-9 ❼ 发射导弹 ❽,导弹在激光的指引下击中目标。MQ-9 本身 ❾ 也可以在战斗区域上空巡逻,发现目标后可直接发起攻击。

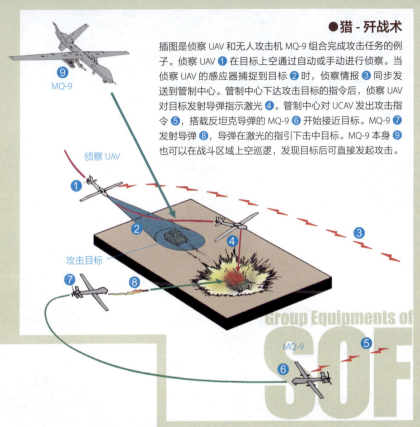

● MQ-9 利用激光制导炸弹发动攻击

插图是侦察部队利用 MQ-9 挂载的激光制导炸弹,消灭既定目标的作战示例。侦察部队发现攻击目标 ❶,利用激光测距 ❷ 和 GPS ❸ 对目标的位置情报进行核实后,把数据通过卫星通信 ❹ 汇报给指挥部 ❺。指挥部进行数据分析后决定投入 MQ-9 消灭目标。由控制中心 ❻ 进行遥控操作(经由通信卫星可以在非战斗区域毫无障碍地完成异地遥控)。由 UAV 管制军官和图像分析军官小组负责操控 MQ-9 ❼,并发射激光制导炸弹,消灭目标。此时需要防范敌人的防空武器 ❽,可以在其射程圈外投下炸弹。炸弹投放前由地面侦察部队用激光指示器照射目标 ❾,由目标反射的激光波会形成逆锥形的扇区 ❿,MQ-9 会瞄准扇区投下炸弹 ⓫,而制导炸弹的激光会被预先赋予一个固定编码,所以对 MQ-9 的干扰无法奏效。

CHAPTER 4

Operations of SOF

行 动　第4章

特种部队执行的作战任务与普通士兵大相径庭，军方与警方的特种部队在执行作战任务时也各有特色。本章的主要内容是，以解决劫机或车辆劫持事件、人质救援等为具体实例，介绍特种作战战术展开的情况。此外，对CQB及CQC等关于近战的特点进行比较说明。

CHAPTER 4

01. 潜入手段

特种作战中常用的潜入敌后方法

原则上，潜入敌后的移动手段是徒步，在沙漠等地带需要长距离移动时，可以使用车辆。插图中是高速攻击车（FAV[⊖]），它在荒野的可靠性极高，即使粗暴驾驶也极少发生故障，对于原本就无法接收补给的特种部队队员来说，这台装载量巨大的车令人安心。

乘车移动

从飞行在地面无法察觉高度（约1万米）的运输机上跳伞后，以自由落体方式降至任意高度（约800米）开伞，虽然滑翔距离缩短，但是整个跳伞的时间极短，而且做自由落体的人体基本不会被雷达发现。

HALO：高空跳伞低空开伞

特种作战专用直升机

正在进行索降的特种部队队员

借助直升机潜入敌后

通过敌方雷达无法探测的超低空飞行（30米左右的高度，如同在地表爬行一般沿着地形飞行）侵入敌后，队员采用索降方式着陆，直升机也可以作为人员撤离的手段。

Operations of SOF

⊖ FAV：Fast Attack Vehicle 的首字母缩写。

【行动】Operations of SOF

特种部队可以利用多种手段经陆海空潜入敌后,下面的插图介绍了部分方法。不过目前只有美军能拥有并运用如此多种多样的装备。

CHAPTER 4
02. 侦察任务及哨所

以信息收集为目标的哨所内部情况

虽然今天的侦察卫星、侦察机等取得了极大的发展，监测设备和图像处理技术也获得了巨大的成功，但是需要人去完成的情报收集

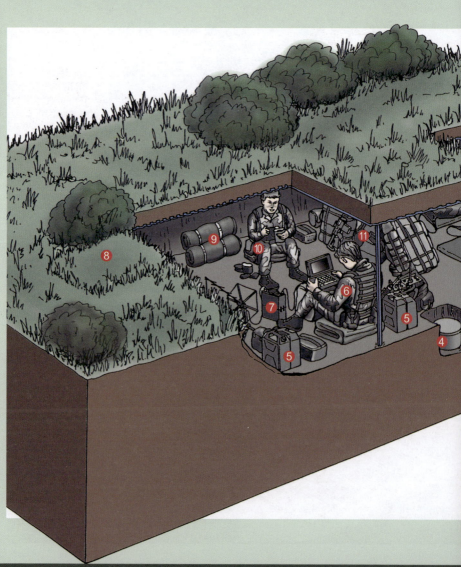

【行动】Operations of SOF

工作依旧不可或缺。即使通过图像信息发现了巧妙的伪装下隐藏着敌人的设施，可是，要想了解具体情况，就一定要派人用肉眼进行侦察（调查）。

在战争一触即发的地区或者敌对地区等高危地区执行侦察行动，就需要经过专业训练的特种部队出面了。以伞降方式潜入当地之后，队员们会设立哨所（OP⊖）作为落脚点，以实施后续的侦察行动。

●埋设于地下的哨所

插图是为了进行长期侦察活动而设置的哨所，这种钢制骨架上覆盖塑料波形板的可组装型掩体开发于20世纪90年代，据说它的宜居性要大大超过以往的类似产品。4人小组每2人分成一个班次，轮番上阵，在完成监视和汇报任务的同时，还要休息。侦察小组要尽可能地保持隐蔽性，尽量避开与敌人交火，当然，使用明火是受限行为。考虑到监视的任务对士兵的精神与心理都造成了巨大压力，所以每个小组最多执勤1周。

❶ 为了避免被敌人发现，用伪装网伪装过的监视哨地洞 ❷ 正在进行监视任务的队员 ❸ 具有钢制骨架和水波形塑料壳的庇护所（周围用沙袋加固）❹ 装排泄物的容器 ❺ 水箱 ❻ 正在进行数据通信的队员（通过数据通信发送搜集到的图像资料）❼ 可进行卫星通信的无线电台 ❽ 经过伪装的入口 ❾ 交班时使用的睡袋 ❿ 进食中的队员 ⓫ 各种备用物资（监视器材、无线电台、口粮、备用衣物、医药品、武器、弹药等）

⊖ OP：Observation Post 的首字母缩写。

CHAPTER 4

03. 反劫机战术

风险巨大的飞机救援任务

飞机在空中遭到劫持，那是一点办法都没有的！

幸亏飞机不会一辈子待在天上，总会为了补充燃料降落某地，这个

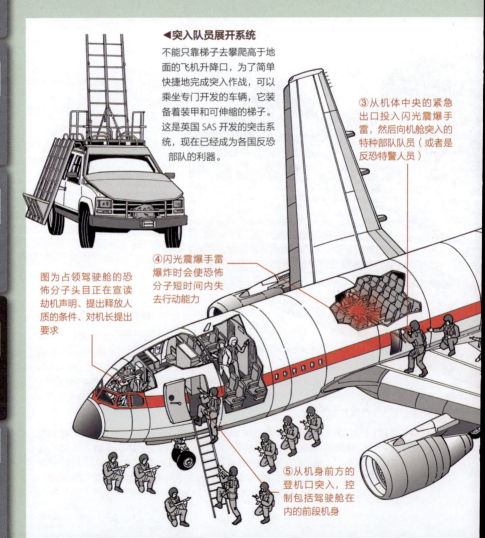

◀突入队员展开系统

不能只靠梯子去攀爬高于地面的飞机升降口，为了简单快捷地完成突入作战，可以乘坐专门开发的车辆，它装备着装甲和可伸缩的梯子。这是英国SAS开发的突击系统，现在已经成为各国反恐部队的利器。

③从机体中央的紧急出口投入闪光震爆手雷，然后向机舱突入的特种部队队员（或者是反恐特警人员）

④闪光震爆手雷爆炸时会使恐怖分子短时间内失去行动能力

图为占领驾驶舱的恐怖分子头目正在宣读劫机声明、提出释放人质的条件、对机长提出要求

⑤从机身前方的登机口突入，控制包括驾驶舱在内的前段机身

【行动】Operations of SOF

时候就是解决劫机事件的机会。就在和恐怖分子进行交涉的时候,在最适合的时机投入特种部队,短时间内彻底解决问题,这是应对劫机的方法。

但是,夺回被劫持的飞机,救出人质这样的反恐行动对特种部队来说,是在不占地利的场地开展的作战。

② 从后部登机口突入的特种部队队员。由于被当作肉盾的人质往往会集中在此,突入时容易在乘客中引发骚乱,或者恐怖分子混入乘客与机组人员当中,想区分他们难度不小,许多难以预料的事情都有可能发生。如果恐怖分子不止一人,制定了周密的劫机计划并进行过充分的训练,那么人质救援行动的难度会进一步加大

① 架起梯子从飞机后部登机口向机舱内突入的特种部队队员。飞机登机口的位置均高于地面,从低于敌人的位置发起攻击,这对特种部队来说是劣势。此外,突入飞机内时,要趁敌人放松警惕的时候,同时从多个方向突入,目的在于令恐怖分子张皇失措,做出错误判断

插图中只画出了特种部队队员和恐怖分子,其实被劫持的飞机中还有大量的乘客,突入前,特种部队必须以保障乘客的安全为先决条件制定作战计划,但是在真实事件中,还是有人失去了生命。而且,对于参加突入作战的特种部队队员来说,发生死伤的可能性极大。在反劫机作战中,1994年12月发生的法航8969劫持事件最为著名,负责应对该事件的GIGN将4名恐怖分子击毙,作战取得成功。

第4章 行动 173

CHAPTER 04. 车辆反劫持战术

日本也曾发生过多起车辆劫持事件

近些年，日本车辆劫持事件频发，日本警察也在进行针对性的研究与训练。

虽然说应对车辆劫持的最终解决手段是突入及人质救援，但是必须考虑到突入作战战术的多元化。

其中一种方式如插图所示，计划是将被劫持的车辆引诱至停车场等伏击圈内，预先采取阻碍手段防止犯人逃跑，而突入组预先在卡车载重平台上待命，等到时机适合（有时会使用闪光震爆手雷）再进行突入。

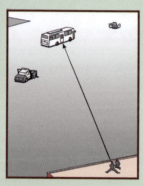

❷ 和犯人谈判并做好人质救援行动的准备

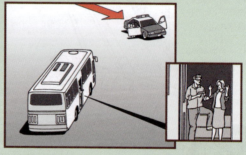

❶ 截停被劫持的车辆

将车辆赶入设伏地点（截停车辆并进行突入作战的地点），利用警车或卡车在车辆前后形成路障，逼停车辆，使其动弹不得。

一般来说，截停车辆的瞬间就该进行突入作战，快速解决劫持事件才是最好的方法。但是，事先了解车内的情况，缜密调查犯人的数量等信息，充分讨论突入作战的方法及顺序，这些步骤不可或缺。而且，站在警察的角度考虑，逮捕犯人也是重要职责之一，所以往往不会直接进入突入作战的阶段。首先呼吁犯人释放人质并进行谈判，这个时候在射程内埋伏好狙击手，监视犯人并随时待命，必要时可采取令犯人失去犯罪能力（击毙）的手段。

❸ 特警乘坐车辆出动

一旦谈判失败，人质陷入危险，或者看不到和平解决该事件的希望，就应立即采取突入作战。为了在短时间内全面展开行动，突入组成做好协同，为实现同步突入，乘坐卡车载重平台靠近车辆。

【行动】Operations of SOF

❹ 开始进行人质救援作战

以双车同时接近的战术，在车辆两侧形成夹击态势。突入前要摸清掌控车辆方向盘的是犯人还是人质等情况，再根据车内实际情况调整突入队员的配置。

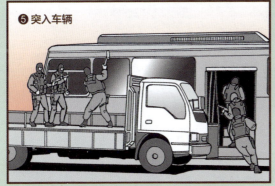

❺ 突入车辆

不仅可以从车辆的出入口突入，还可采用铁锤破窗等方法，确保多点同时突入。车辆和飞机不同，由于车窗众多，易于突入，队员可多点同步突入，即使犯人打算伤害人质，队员也可以靠着人数优势直接控制服对方。

❻ 彻底控制车辆

❼ 解救人质并逮捕犯人

成功逮捕犯人后就要释放人质，但是不排除部分犯人混在人质内趁机逃跑的情况，所以在摸清所有人质的身份前，均将其作为嫌疑人看待。如果有人在突入时受伤，必须对其进行急救处理，再转送至医院。

CHAPTER 4

05. 海上反劫持战术

应对以船只或海上设施为目标的事件

20 世纪 70 年代，恐怖分子极其猖獗，劫持事件频发。对此，欧美各国的水下作战部队（海军系统特种部队）将任务的重心转为反恐及人质救援等全新的领域。由于石油开采平台等大型海上重要设施和大型游轮具有易守难攻的特点，对恐怖分子的诱惑力很大。假如恐怖分子与相关政府谈判破裂，这些设施或船体遭到爆破、破坏，那么对政府的威信是个沉重的打击。

英国的特别舟艇中队（SBS[一]）早于二十世纪七八十年代，就针对反海上劫持展开过训练。甚至借助真正的石油开采平台及游轮，以这些设施遭到恐怖分子劫持为背景，进行了模拟训练。

▲照片中的大型游轮遭遇海上劫持时，虽然政府会与恐怖分子进行谈判，但基本上不会接受对方的要挟，只是以谈判为借口拖延时间，寻找良机让特种部队迅速解决事件。最有效的战术是，假设恐怖分子在精神压力下行动出现失误，趁夜色掩护以直升机搭载特种部队人员实施空降，然后制服恐怖分子并救出人质。不过，如果恐怖分子有便携型防空导弹 SAM，直升机就无法使用了。在这种情况下，只能如右页插图，使用固定飞机或者潜艇抵达附近区域，再换乘复合橡皮艇[二]接近目标。

㊀ SBS：Special Boat Service 的首字母缩写。
㊁ 复合橡皮艇（zodiac）：用于突袭作战的复合橡胶材质的皮艇。

● 二十世纪七八十年代制定的反船只劫持的作战计划

CHAPTER 4
06. 船舱内部搜索

美国海军海豹突击队搜索船舱的技巧

目前，以美国海军为首⊖的多国舰队会在印度洋进行登船搜查或临检，这些军事行动的目的在于剿灭海盗、切断恐怖分子的物资运输渠道，统称海上安全行动（MSO⊖）。

在一连串的行动中，船舶内部移动及搜索方法的根基源自美国海军海豹突击队于20世纪七八十年代创造的反恐战术，有人认为这与特种部队的近战（CQB）战术中的建筑及室内搜索技术极为类似。

不过，船舱内部搜索及移动一般由10人规模的小组共同完成，而在印度洋上，原本由4人小组搜索1

◀ 从直升机索降后开始搜索船舱的海豹突击队队员。这是2005年利用军舰进行演习的场景，一旦发现恐怖分子藏身的船舶，为将风险消灭在萌芽之中，最好的办法是通过直升机快速机降登船并完成压制。

Operations of SOF

▼ 货船的结构

货船装载的货物包括机械类、纤维类、食品类、金属原材料等，种类不可胜数。因此，为了提高货物的装载效率，货船内会设置多个船舱与甲板（如果是客货两用船，还会加上房间）。当然，船舱及甲板数量越多，搜索也就越花时间，这就要求登船部队高效完成搜索任务。

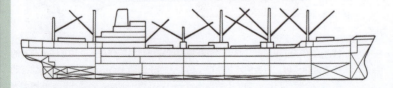

⊖ 以美国海军为首：多国舰队组成的海上协同部队作为反恐战争的一环，执行相关的作战任务，司令官由美国第五舰队司令兼任。

⊖ MSO：Maritime Security Operations 的首字母缩写。

【行动】Operations of SOF

个房间改为由 2 名队员完成。估计是因为船舱内部被分割成多个区域，搜索队员人手不够了吧。

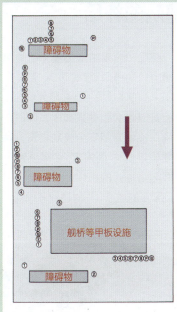

◀ 在船体主甲板的移动方法

海豹突击队队员登船后在甲板上移动时，为了防止敌人袭击，会采取轮流派出 2 人确认障碍及船上设施的前后，并用这些当做盾牌，组成移动小组。

▼ 在船舱内的移动方法

由于船舱内部被划分成多个区块，可供恐怖分子藏身的位置极多。因此，海豹突击队在船舱内移动时，必须重点防范遭遇攻击可能性大的通道相连之处，尤其是转角或者转入其他通道的时候。如图所示，先派两名人员前行，各自确认通道的左右两侧（图中为上下方向）是否安全。

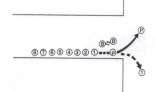

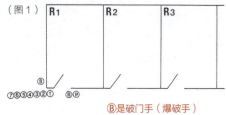

Ⓑ是破门手（爆破手）
Ⓟ是Ⓑ的副手

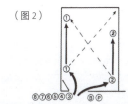

◀ 船内搜索

船内搜索由全组共同实施（图1），但是如果船舱内隔间众多，只能 2 人一组互相掩护进入隔间进行搜索确认（图2）。进入或在船内隔间移动的路线为实线，每人负责确认、射击的方向为虚线。

第 4 章 行 动　179

07. 物资空投

敌后作战条件下对特种部队的补给

一般情况下，特种部队会携带可供 1 周时间使用的弹药及食物给养，但是长期作战就需要后续补给。无论队员拥有多么强大的野外生存能力，补给的有无直接决定了能否完成作战任务。因此，给身处敌国或者敌对性地区执行作战行动的部队进行补给，空投是不二之选。

空投一般是由低高度（所处高度低于 130 米）方式进入空投区（DZ⊖）的飞机投下挂着降落伞的物资（有时也会包括人员）。此时，为确保接收方能安全收到物资，就需要设定 DZ。而设定 DZ 需要避开敌军与当地人的视线，尽可能选择人迹罕至的地点。同时还要考虑到，

特种部队支援机 MC-130 空投的物资。

▲图为机载系统（Airborne Systems）公司的空投系统，即使在低空空投，物资也很可能会被风吹离空投区，空投结果受天气影响极大。为了使空投物资准确地降落于目标地点，具有良好的控制与滑翔性能的长方形降落伞结合导航控制装置而成的系统应运而生。导航装置为 GPS 和地形测绘图，再加上风速、风向、高度感应器等，可以自动控制（也可以由操作人员手动操作）降落伞的着陆位置。这套系统将物资从 7 千多米的高空投下后，大约能滑行 25 千米，可以有 80% 的准确率确保物资能落入目标地点 150 米范围之内。单个空投的最大重量可达 1084 千克。

⊖ DZ: Drop Zone 的首字母缩写。

【行动】Operations of SOF

该地点必须具备利于物资接收、周边地域利于飞机航行、不存在障碍物等多种条件。

此外，存在能够让飞机判断 DZ 位置的参照物也是不可或缺的要素。

为特种部队投下物资的飞机，如美军特种部队支援机 MC-130 等，能进行低空高速飞行，一次出动即可投送大量物资的运输机自然是最好的。此外，航程远，比直升机速度快，还可垂直起降的"鱼鹰"V-22 旋翼机也是不错的选择。

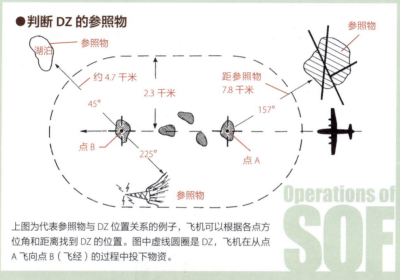

上图为代表参照物与 DZ 位置关系的例子，飞机可以根据各点方位角和距离找到 DZ 的位置。图中虚线圆圈是 DZ，飞机在从点 A 飞向点 B（飞经）的过程中投下物资。

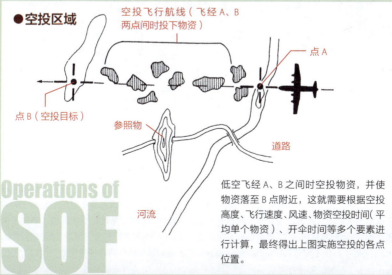

低空飞经 A、B 之间时空投物资，并使物资落至 B 点附近，这就需要根据空投高度、飞行速度、风速、物资空投时间（平均单个物资）、开伞时间等多个要素进行计算，最终得出上图实施空投的各点位置。

CHAPTER 4
08. 野战方法

SWAT 必须掌握的野战技巧

虽说 SWAT 是美国警方的特种部队，但是它在创建时，招募的主要是曾参加过战斗的老兵，所以汲取陆军战术或者在警察训练中加入巷战和野战科目也就不足为奇了。

尤其在犯罪分子有服役经历时，他们会使用在军队学习到的技能，甚至想置 SWAT 队员于死地的情况也发生过。尤其是在野外，犯罪分子很可能会利用地形进行游击战或阻击战。遇到棘手的犯罪分子，SWAT 队员不仅要掌握城市巷战技术，还要拥有野战技巧。当然，对于军方特种部队来说，掌握这些知识和技巧是分内的事情。

●进攻

SWAT 队员在进攻敌人的同时，也必须要做好遭到反击时的预案。如图所示，在对该建筑展开进攻时，在包围敌人（或者在某个方向留出口子，引诱敌人进入伏击圈）之后发起攻击时，必须要考虑到也许敌人已经察觉了己方的行动，并设好了埋伏。例如，2~3 名敌人隐藏于房屋周围，一旦己方开始进攻，就会被敌人内外夹击等，不预先考虑好万全之策就很难战胜敌人。因此，SWAT 队员不仅要对目标建筑物保持警戒，也要对周围所有方向保持警戒，所以队员们各自分担了不同的警戒方向。

【行动】Operations of SOF

▼平地移动

● 野外移动

SWAT队员在野外移动时，不能互相挤在一起，不能走视线良好的地方。各队员间要拉开距离，平地移动时要沿着茂密的树林，丘陵山地移动时要在低处，要选择敌人难以察觉、己方不易遭受攻击的移动路线。

▼山地移动

● 伏击与防御

伏击时可以利用陷阱机关，如图所示，在敌人有可能经过的路线上设置多个机关（插满尖钉的板子），当敌人经过时，埋伏在附近的狙击手开枪震慑，敌人为了躲避子弹，会做出卧倒动作，正好倒在尖钉上。当然，敌人也会设下类似的陷阱机关，部队在移动的时候必须注意周围的情况。

CHAPTER 4

09. 特警人质救援作战（1）

潜入建筑物后的侦察技巧

面对挟持人质负隅顽抗的犯罪分子，特警该怎样才能救出人质，解除危机呢？

下面来看看特警们的应对方法吧。

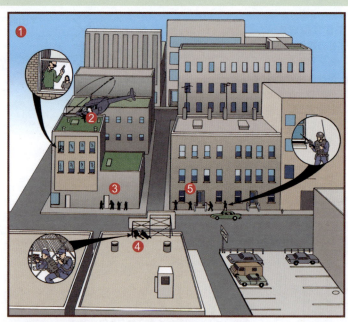

（1）谈判并封锁周边，做好战斗准备

趁着和犯罪分子谈判的时候，向建筑物周围派出警察与特警，封锁犯罪分子逃离的路径，切断犯罪分子与外界接触的途径，尤其是要剥夺犯罪分子使用电话的自由（外界也许有同党）。在谈判过程中，多多搜集犯罪分子的情报，为突入行动作好调查工作。

❶ 挟持人质并负隅顽抗的犯罪分子　❷ 搭乘直升机从屋顶接近的特警：由屋顶实施索降等干扰行动，为突入组提供支援。假如建筑物内还可能藏有其他犯罪分子，则从屋顶向下进行搜索　❸ 从建筑物1楼攻入内部的突入组　❹ 狙击手与侦察员：负责与狙击手共同监视犯罪分子，为突入行动提供援助　❺ 警察负责封锁建筑物周边

突入组通常会派出4人对建筑物内部实施清场行动（调查各房间，发现犯罪分子，将其制服或压制），经过建筑物内部的通道或楼梯等位置时，前方1人盯住门的方向，中间2人盯住窗户或可容犯罪分子藏身的位置，垫后人员负责警戒后方，每名队员事先分配好警戒的方向及范围。

【行动】Operations of SOF

（2）秘密潜入

进入建筑物内部的特警队员并不知道敌人潜伏在何处，在死角多的楼梯附近可以利用反射镜，一边确认安全情况一边缓步前行。如果犯罪分子隐藏在附近，队员们有可能会在数米的距离内遭遇枪击，危险性不可谓不低。因此，搜索一栋房子需要花上 30 分钟，必须做到慎之又慎。

队员手持的 2000IR 型工业内窥镜是搜索建筑物内部的 TV/ 红外线成像仪。如插图所示，照相机前端的挂载部分（可左右 180°自由旋转）探出转角，在确保人员安全的前提下，侦察通道的另一端。

▼2000IR 型工业内窥镜
① 图像监控器：可以从主机上取下并单独使用
② 头端照相机 ③ 延长固定部分 ④ 把手：附带黑白 TV、红外线成像、头端照相机的方向控制键钮
⑤ 电源线：连接便携式蓄电池 ⑥ 主机

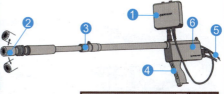

▶Model 135310 遥控门底侦察套件

到达犯罪分子隐藏的房间外面，特警队员就需要对房内进行调查。在掌握人质与犯罪分子的位置与情况之前不能轻易发起突入行动。为了调查室内情况，可以从门底缝隙插入镜头，通过监视器了解内部情况的设备已经问世，以色列 ITI 公司的 Model 135310 套件就是其中之一。镜头切换为夜视模式之后，即使室内没有光线，也能看清里面的情况，可以说是一种极为精良的装备。

① 照相机主机 ② 夜视模式切换镜头 ③ 镜头安装处（插入此位置） ④ 图像监控器

CHAPTER 4
10. 特警人质救援作战（2）

破坏建筑物门窗的方法

对犯罪分子挟持人质据守的房屋实施瞬间破门（或者窗户）时，能用到的利器包括：破门器、破门槌，还可以用霰弹枪或者炸药对门合页或者门锁进行破坏。具体使用哪种手段必须根据门的结构决定。

大部分国家的门多为向内开，所以破门槌或者霰弹枪是首选。然而日本大部分是向外开的门，这就需要撬锁，想要快速破门只有用炸药。爆炸的一瞬间，整个门板会直接倒下，此时，在犯罪分子做出反应前，特警即可实施突入行动。

爆破可以使用塑胶炸药，但是存在爆炸产生火焰并灼伤人质的危险。另外，不能只有一个突入点，最好从门窗等多个方向同时突入。

▲ 使用破门槌准备向建筑物内突入的SWAT队员（右侧），他的对面是先导员，后面的其他队员已做好突入准备。

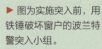

▶ 图为实施突入前，用铁锤破坏窗户的波兰特警突入小组。

【行动】Operations of SOF

▼破门工具

破坏类似这种向内打开的门,可以用采用油压千斤顶原理的专用破门工具。如插图所示,在门框上固定好工具,通过油压直接撑开门锁部分(上方插图)。同理,也可以强行插入门与门框之间的缝隙,直接用油压使门变形,从而破坏门锁(下方插图)。这种工具多用在无法使用爆破手段的情况下。

▼破门槌

瞄准上锁房门合页(上方插图)或钥匙孔部分(下方插图),直接砸坏门锁的这种工具叫作破门槌,虽然只不过是给圆筒形金属棒加上把手的简单工具,但其威力不容小觑。

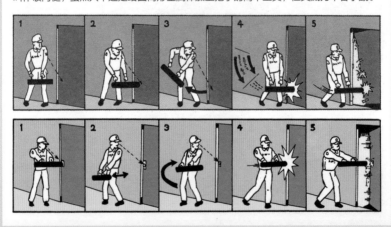

11. 特警人质救援作战（3）

突入犯罪分子据守房间的技巧

破门之后开始执行室内突入行动，此时犯罪分子通常会发起反击或者伤害人质。对此，特警队员首先用闪光震爆手雷开路，手雷爆炸时会产生令人短暂失明的闪光和巨大的声响与冲击力。

受此影响，犯罪分子（含人质）会在短时间内失去抵抗能力，队员们趁此机会突入并逮捕犯罪分子。

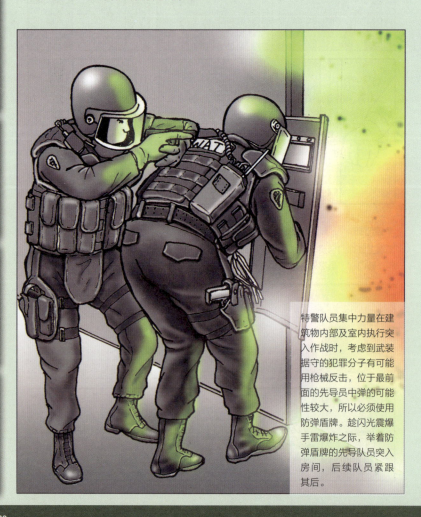

特警队员集中力量在建筑物内部及室内执行突入作战时，考虑到武装据守的犯罪分子有可能用枪械反击，位于最前面的先导员中弹的可能性较大，所以必须使用防弹盾牌。趁闪光震爆手雷爆炸之际，举着防弹盾牌的先导队员突入房间，后续队员紧跟其后。

【行动】Operations of SOF

▲ 在先导队员的引领下，突入室内的特警队队员按事先分配好的范围进行搜索，短时高效地控制房间内的情况。照片是 FBI 人质救援部队（HRT）的训练情景。

▼ 交叉突入

开门（破门）的同时，为压制犯罪分子，不给其留反击的机会，特警队员必须迅速冲入室内，展开队形。从门口开始，队员要以交叉进入的方式，在室内左右展开，以房屋中央为界，将搜索区域分成两个部分，左右各自分配队员，负责控制区域内的犯罪分子并搜索人质，同时占领整个房间。室内队形展开有两种最基本方法，即交叉展开和单侧展开。

▲ 单侧突入

突入前，各队员分站入口左右两侧待命，突入时，队员以己侧的门柱为轴，分别向左右转入室内进行搜索、控制，这就是单侧突入。要点是以靠近门轴的脚为圆心转身，然后靠墙行进。

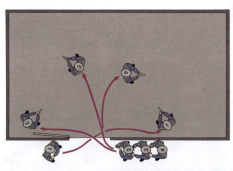

第 4 章 行 动　189

CHAPTER 4
12. 特警人质救援作战（4）
从室内突入到人质救援的全过程

SWAT等特警队的突入行动班组由指挥突入行动的小组长、在前方负责警戒的先导队员、掩护先导队员的支援人员、携带破拆工具或破门槌等突入装备及工具的破门手、掩护整个团队的后卫人员等构成。

SWAT在此类突入作战中，班组构成包括：直接参与行动，进行人质救援及逮捕犯罪分子的突入班、作为后备支援的支援班、狙击班、封锁建筑物周边及道路的监视警戒班等，这些班各司其职。

此外，还有负责与犯人谈判的谈判组，以及负责救治作战中负伤的队员、人质、犯罪分子的医疗班。

需要注意的是，医疗班主要针对枪伤引发的外伤进行治疗，并非直接治疗枪伤（这是医院医生的工作），还负责止血、注射镇痛药物、输液等急救处理，医疗班的队员类似救护车上的急救人员。

SWAT往往会使用催泪弹等非致命性瓦斯弹，对此缺乏了解的一般急救人员在治疗时，有时会引发二次伤害，所以必须特设拥有专门知识的医疗班。

▲通过索降实施佯攻

▼狙击手负责监视与支援

狙击手是支援突入作战的重要力量，他们一般潜伏在犯罪分子据守的房屋或建筑物对面的楼顶，除随时待命实施狙击之外，还负责监视犯罪分子，用对讲机向指挥官汇报犯罪分子的情况。特警一般会指派侦察员（负责无线电通信及收集情报、记录、警戒周边情况）支援狙击手，这样就组成了双人一组的狙击班。

【行动】Operations of SOF

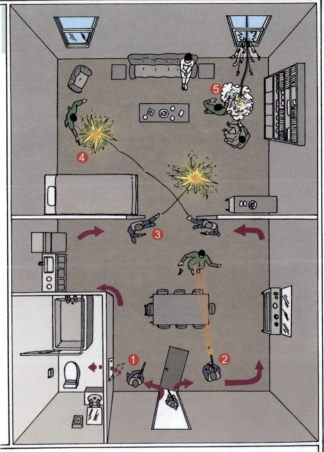

●室内突入

目标房屋内部要么被分成多个隔间，要么摆放着家具，所以，即使在行动前利用窥视设备调查过犯罪分子和人质的位置，也很难彻底掌握屋内的情况。尤其是靠内侧的房间隔板、家具背后，这些位置的死角数不胜数，所以突入行动中经常发生犯罪分子隐藏在这些位置的情形（尤其是有多名犯罪分子时）。所以队员们不会贸然往房间里闯，会事先分配每个队员负责警戒的区域，采用搜索前进的方式，沿着墙壁进入房屋的深处 ❶。此时会开枪制服企图行凶的犯罪分子 ❷（开枪时必须先警告犯罪分子，也会根据犯罪分子持有的武器决定是否开枪）。进入关押人质的里间时，使用闪光震爆手雷效果不错 ❸。手雷发出的强光和巨响会同时麻痹犯罪分子和人质的思维和感觉，队员们可趁此机会制服犯罪分子并救出人质 ❹。不过大多数情况下，犯罪分子与人质从外表上难以区别，只能按犯罪分子的标准对待。根据突入的房型不同，可以从室外通过窗户向室内发射催泪弹，投入闪光震爆手雷进行袭扰 ❺，有时由其他小组以索降的方式从窗口突入效果更好。

13. 特警人质救援作战（5）

索降突入

索降（垂直下降）原本是攀岩运动中从岩壁下降至地面的技术，特种部队原本就需要学习攀登技术，索降自然也是其中的科目之一，这项技术可以应用于对恐怖分子据守建筑物内进行顽抗时实施的突入作战。也就是说，利用索降技术从建筑物上方沿墙壁下降至窗口等位置，再进行突入。在其他突入组破坏房门并突入室内的同时，来自窗口的袭击也颇有效果，而且遭到反击的可能性也比较低。

有索具和无索具的索降方法有所不同，队员有索具的话可以完全平稳地下降，无索具则可以在下降后迅速展开行动。

◀ 正在进行索降突入训练的波兰特警。两组队员分别从窗口和露台实施突入作战。同时多点突入可以使犯罪分子陷入慌乱，干扰其反击。

特警训练中曾经出现过顺着建筑物外墙往下行走的方式进行索降的场面，这种方式被称为澳大利亚式索降。人员采用插图中的姿势，索具位于身体正后方，借助安全环或滑轮固定身体。索降时将左手当作刹车使用，右手持枪，看上去威风凛凛。可惜缺乏实战意义，因为在突入的瞬间必须做大角度的转身动作，所以无法直接压制犯罪分子。

▼ 索降突入

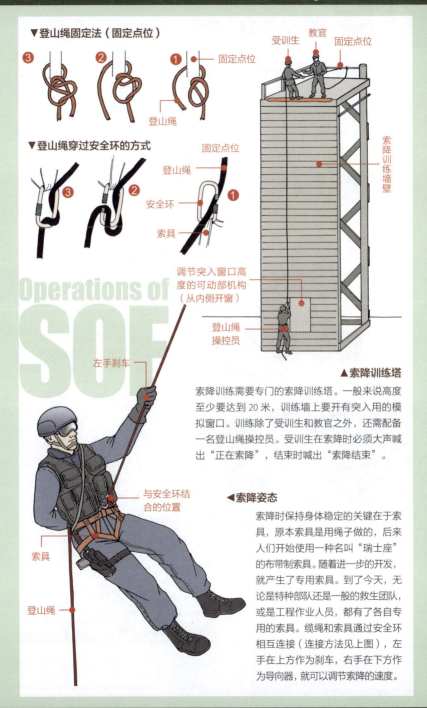

CHAPTER 4

14. 特警人质救援作战（6）

突入装备不逊于军队装备

与特警队对抗的犯罪分子们最近也开始身穿防弹衣，手持可连发的突击步枪，危险程度更甚以往。对此，特警队不得不装备火力不亚于军队的武器进行反制，队员们的训练也模仿军队，并加强专业知识培训。近年来，为了能应对全天候行动的要求，美国警察也开始配备以夜视仪为代表的多种电子设备。

挂载面罩的防毒面具（人工呼吸机）

空气净化送气装置

◀ 特警队的目的不是击毙犯罪分子，而是将其逮捕，所以才使用非致命性武器。进行室内突入前，往往会先用榴弹发射器射入催泪弹进行支援，所以突入队员必须使用防毒面具。即使不使用催泪弹，往往也会用闪光震爆弹开路，所以突入队员必须佩戴防毒面具。照片中的队员佩戴的是动力空气净化呼吸器（PAPR[⊖]），能有效过滤闪光震爆手雷所释放的化学物质和烟雾，而通常的防毒面具无法做到这一点。

Prox Dynamics 公司为军警开发的 PD-100 "黑黄蜂"（上图）超小型侦察系统。这是一款旋翼直径 120 毫米，重 16 克的无人机，搭载照相机能飞行 25 分钟，导航仪可以使用 GPS 和惯性导航两种方式。使用者可以通过控制器连接显示器（右图）观察飞行中拍摄到的画面，也可以录像保存。

⊖ PAPR：Powered Air-Purifying Respirators 的首字母缩写。

【行动】Operations of SOF

● 美国洛杉矶警察局[一] SWAT

插图是洛杉矶警察局下属 SWAT 队员的突入装备：❶ 防弹头盔：由凯夫拉纤维经过树脂加工成型的产品，侧面有面罩固定金属夹具，即使是美国本土安全公司生产的 H6 头盔也能达到二级防弹标准 ❷ 全息式红点瞄准镜 ❸ 挂载了 SIR 的 M4 卡宾枪（最近比较流行 H&K416） ❹ 战术手电 ❺ 模块式防弹背心：内部可以插入防弹板，可将防弹能力提高至三级。格纳包通过按扣的方式固定于腰带上，可以随时拆卸，格纳包可以自由组合 ❻ 对讲机包：内装摩托罗拉便携式对讲机 ❼ 一键通键钮：以按压键的方式切换对讲机收发模式，插图上无法看到的右肩上有麦克风/扩音器 ❽ Sage Control SL-6 榴弹发射器（37 毫米口径，气动式结构，可以连续发射榴弹。旋转式弹舱，可以填装 8 发榴弹，主要用于支援建筑物突入作战的队员 ❾ 红点瞄准镜 ❿ 手枪带 ⓫ 芳纶突击服 ⓬ 榴弹包 ⓭ 腿部枪套：内装 S&W 4006 手枪 ⓮ 战术靴

[一] 美国洛杉矶警察局：拥有 1.6 万多名警员，是全美首屈一指的警察部门。

CHAPTER 4
15. 特种部队人质救援作战

剿灭一切反抗之敌

● 特种部队的人质救援作战（突入建筑物）

（1）直升机从屋顶机降

自上而下压制建筑比较占优势，而屋顶机降的突入部队和一楼的突入部队两面夹击的效果更佳。如果人质被困在1层，则1层的突入部队的主要任务为解救人质，屋顶的部队负责支援。插图没能体现出为支援突入部队的清剿行动，占领周围建筑物并切断敌人退路的情况。外围做好阻击的准备也是极为重要的任务。

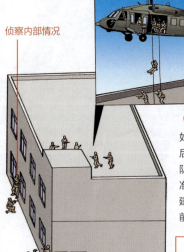

侦察内部情况

（2）抵达突入位置

如果决定从建筑物的1层突入，选择好突入点后，行动前必须制服附近敌方的哨兵。突入部队在稍远的位置待命，如果条件允许，需事先准备好爆破手段。突入前或许已经大体掌握了建筑物周边及内部的情况，但是即使到了突入前一刻，也应掌握即时情况。

制服哨兵

人质　　引爆闪光震爆手雷　　破窗而入　　从进出口突入

（3）突入建筑物

从1层突入建筑物时，最好同时从多个位置突入，目的在于分散敌人的注意力和反击火力。突入前丢入闪光震爆手雷（在进行人质救援前先投入手雷），待手雷爆炸后迅速突入建筑物内部，将握着武器的敌人制服（军方的特种部队为了防止伤亡对后续作战产生影响，凡是暴露出反抗意图的敌人一律制服）。完成人质救援及压制犯罪分子的任务后，即刻撤退。

●在建筑物内部的移动

①通道移动
（窄通道）

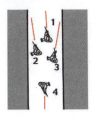

②通道移动
（宽通道）

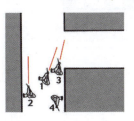

在建筑物内移动时，必须事先划分各小队人员负责警戒的范围。插图为4人小队的行动情况，先头人员负责前方，中间两人负责左右，垫后人员负责后方，每个人负责警戒部分范围，做到360度无死角，可以随时应对来自任何方向的进攻。建筑物内敌人可以藏身的地方或者掩蔽物极多，必须随时保持警惕。一旦遭到攻击必须马上集中火力进行反击，同时寻找隐蔽物隐蔽自己，为下一次进攻做好准备。遇到转角时，一定要做到双人双角度形成交叉视角监视，其余2人则警戒前后方。

③转角警戒

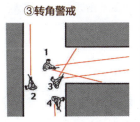

④转角移动要点

（1）

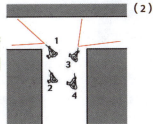

（2）

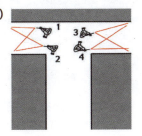

●突入室内

突入室内后，为消灭建筑物内的敌人，完成清场任务，队员必须根据房间门的位置调整突入方法以及各小组人员负责的搜索、射击范围。如果涉及人质救援行动，射击行为会大受限制，不过身处战斗状态执行清场任务时，只能以制服敌人为重。

（门在一侧时）

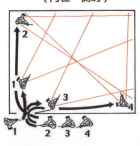

（门在中间时）

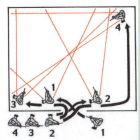

CHAPTER 4

16. 近战

近战技术 CQB 与 CQC 的区别

军方特种部队擅长的近战（CQB）是以使用枪械为前提，将对方的头部或躯体作为目标，进行双发点射，确保一击必中，使敌人无力反击，再将其彻底制服。

与此相反，警方特种部队则力求在不使用枪械的情况下遂行任务（活捉嫌犯可以调查案件的真相），所以特警必须掌握近身格斗（CQC[⊖]）。可以理解为警方突入

▶ 波兰特警正在进行抓捕训练，抓捕嫌犯时只有 CQC 能派上用场。

● CQC——必须掌握的格斗技术

对于特种部队来说，格斗技术是必须要掌握的。近战中也会出现无法使用枪械，只能进行肉搏的情况，以逮捕嫌犯为首要目标的 SWAT 力求活捉嫌犯，遇到企图夺枪的嫌犯时，或许格斗技术就成了关键。此外，军方特种部队在执行侦察任务等隐蔽性行动时，需要用到无声无息地放倒敌人哨兵的技术。在各种格斗技术当中，综合格斗术（如武术）最具实战性，军方特种部队学习的就是这种在尽可能短的时间内有效制服对手的技术。也就是说，趁敌不备狠下辣手，攻击敌人的面部或者侧腹部等要害，这些都是格斗比赛所禁止的攻击部位，以确保敌人无法行动（击毙）为行动原则。与此不同的是，SWAT 等部队即使剥夺了敌人的反抗能力，基本原则是逮捕嫌犯，也就是以所谓的逮捕技术为行动原则。

⊖ CQC：Close Quarters Combat 的首字母缩写。

【行动】Operations of SOF

之后并不会开枪击杀嫌犯，而是快速接近对方，使用枪械本身、利器、警棍甚至徒手攻击对方的要害再加以制服。近些年来，美国军队也开始积极导入 CQC 训练。

军方的特种部队（反恐部队）需要彻底掌握手枪、冲锋枪等适合近战的武器，必须进一步打磨CQB技术。一旦进入战斗状态，队员要毫不手软地击毙、制服恐怖分子。与此不同的是，警方特种部队以逮捕犯罪分子为重，突入时要观察对方的手部动作，判断危险程度，紧急情况下要警告之后才能开枪。所以为了能先确认情况，突入时必须保持枪口朝下的低准备姿势（这种姿势的好处是容易确认脚下的情况）。

●特警突入作战

●军方特种部队突入作战

私人军事承包商

第5章

私人军事承包商这个行业在这20年以来获得了快速成长。
可以说到了这个时代，没有军事外包行业，美军连打仗都成了问题。
而这个发展趋势也给特种部队的生存方式带来了极大的影响。
本章以美国为例，
审视私人军事承包商的现状与问题所在。

CHAPTER 5

01. 特种部队生存环境变迁

从影子部队到精英战士再到私人军事承包商雇员

在二战期间，军方的特种部队曾作为非正规战的主力执行了诸多作战任务。在无法派遣正规军参战的战场，特种部队能作为名义上不曾存在过的部队，被投入到违反法律的任务中，其中也包括了正规军不得参与的暗杀、绑架等，这些都成了特种部队分内的事情。二战结束后，世界各地发生的种种纠纷，特种部队以不同的方式参与其中，这绝对不是空穴来风。因此，虽然同为部队的一分子，特种部队一直被视为异端分子。

可是到了20世纪80年代后期，随着冷战的结束，原本被美苏两大阵营打压控制着的一些势力失去了牵制，世界范围内的局部战争频发。在这个时代背景下，特种部队就被赋予了一种全新的定义。世界形势的变化提高了特种部队的重要性，使得它在世人的印象中带上了一种精英部队的光环。

现在的特种部队任务千奇百怪，海湾战争中英国的SAS以及美国的绿色贝雷帽、海豹突击队、三角洲部队等特种部队在开战前就潜入伊拉克执行情报搜集任务。当战争开始时，他们对伊拉克军队的机场、导弹阵地进行了破坏，从而减少了己方的战损，并在背后为主力部队提供了支援。在2003年的伊拉克战争中，特种部队以同样的方式，在以美国、英国为首的多国部队取得的胜利中，发挥了决定性作用。

本章将以美国为例，为您介绍特种部队生存环境的变迁。

为了完成任务，特种部队队员必须接受多种训练，掌握各种武器及战斗技巧，这些训练最终把他们打造成了打仗的行家里手。不仅如此，特种部队在装备方面也占尽优势。为了执行各种任务，最尖端的装备及精良的武器往往会优先提供给特种部队。

大到特种航空器，小到单兵携带装备等，特种部队队员都是第一个用上的。简而言之，最棒的士兵

【私人军事承包商】Private Military Company

用最棒的武器。

这种倾向在美军中尤为明显。1987年4月16日,美国陆海空三军特种部队统一归美国特种作战司令部(USSOCOM)管理,从此,陆军特种部队突击队、海军海豹突击队、空军的特种作战航空团、特种作战飞行队等,都听命于美国佛罗里达州的麦克迪尔空军基地的USSOCOM总部。这是为了应对越战之后出现的低强度冲突(LIC⊖)而采取的措施。USSOCOM的创立使得原本分散给陆海空各军种的特种部队的预算独立出来进行综合运用,可以集中力量开发特种部队专用的设备。近年来,多国特种部队共同执行任务的情况越来越多。此外,还有诸多私人军事承包商开始涉足战争经济,大量的前特种部队人员成为他们的雇员。可以说特种部队的生存环境随着国际局势的变化产生了天翻地覆的变化。

图为正在接受反恐战斗训练的德国陆军特种部队 KSK(特种作战军团)成员。涂鸦迷彩战斗服上是琳达霍夫 Gen3 战术背心,头戴 MAS 公司的 ACH TC-2000 头盔,左边的队员手持 G36A2 突击步枪,腰挂训练用模型手枪(蓝色橡胶)。

⊖ LIC: Low-Intensity Conflict 的首字母缩写。一般翻译为低强度冲突。介于通常的战争与和平之间的中间状态,也就是战斗强度较低的冲突。具体来说包括游击战、恐怖事件,以及暴乱分子发起的恐吓、抵抗斗争、内乱等未经正式宣战的非正规战争。

CHAPTER 5
02. 私人军事承包商（1）

使特种部队队员跳槽的高收入职业

目前，各种身份的人在伊拉克和阿富汗等地从事着危险的工作。其中的大部分是军人（尤其是特种部队）、私人军事承包商（PMC⊖）的契约方、CIA 等谍报机关的雇员（接受当地谍报机关的外包业务）。

从他们的待遇来看，美军相关的特种部队队员年收入（根据军阶和勤务年数决定）为：下士级别 5~7 万美元，日薪大约是 140~170 美元。而据说私人军事承包商的雇员（从事危险性高的要人警卫工作）的日薪可达 500~700 美元（部分人日薪高达 1200 美元），谍报人员日薪为 1000~1500 美元。单从收入来看，私人军事承包商和谍报机关的收入很是优渥。不过与正规军不同，他们一旦受伤就必须自掏腰包，并且也没有保险或退休金。工作合同通常是三个月一签。短期来看，赚大钱还是要找私人军事承包商或者谍报机关，但是从长期保障来看，或许军队更加有吸引。

不过从事实来看，还是高工资的魅力更大，辞掉军职转为私人军事承包商和谍报机关工作的特种部队队员很多。

◀ 在阿富汗展开活动的美国陆军特种部队队员们。许多人会觉得他们从事危险的工作却收入微薄，所以，抱着发财梦跳槽去 PMC 的人络绎不绝，甚至一些部队连执行任务的人手都凑不齐了。

⊖ PMC：Private Military Company 的首字母缩写。有多个译称与这个略称相符，但是本书统一将其称为私人军事承包商（PMC）。

【私人军事承包商】Private Military Company

●私人军事承包商保镖

担任要人警卫的前海豹突击队私人保镖装备：①战术背心（黑鹰公司产品）②对讲机 ③弹匣包 ④身份证明资料 ⑤骑士公司的 SR-16 突击步枪（大部分人员的武器是自备的）⑥多用途包 ⑦手枪（格洛克手枪比较常见）⑧便服 ⑨靴子

●军方特种部队队员

参加伊拉克战争的绿色贝雷帽队员装备：①MICH 头盔（附夜视仪挂载）②MICH 耳机 ③驼峰水壶（软管部分）④遮阳镜（Wiley X）⑤附件包 ⑥战术背心（PARACLETE RAV）⑦弹匣包 ⑧M4A1 卡宾枪 ⑨多用途包 ⑩手枪腿套 ⑪折叠包 ⑫腿包 ⑬驼峰水壶（主体）⑭陆军战斗服 ⑮冲锋靴

工资	日薪 500~700 美元（工作合同 3 个月，其他非工作日的补贴为日均 150 美元）
医疗费	原则上由本人承担
保险	无（如果公司要求的话则有可能会由公司支付）
失业补贴	无
退休金	无
培训费	公司负担（假如雇佣的是复原兵或者退职警官则公司根本不用出钱）

工资	日薪 140 至 170 美元（特种部队下士官的待遇，还根据勤务年数决定）
医疗费	美国全额负担
保险	根据死伤情况由美国支付
失业补贴	美国支付
退休金	美国支付（根据服役年数及退役军衔不同）
培训费	美国负担（据说美国陆军培训一名特种部队队员需要花费 10 万美元以上）

03. 私人军事承包商（2）

军队功能订单

20 世纪 80 年代末，冷战结束，失去大国影响力之后，世界各地的局部冲突不断涌现。背后是各国的明争暗斗和国际大企业之间的利益争夺，各种问题的纠葛令局部冲突难以有效解决。

在这些冲突地区一展身手的，并非正规军队士兵，而是私人军事承包商的雇员，其中绝大部分是前特种部队队员。他们成为支付高额报酬雇主的保镖、在某些特殊设施当警卫，以及为其他国家培训军警

我们公司在全世界开展业务，敢于迎合客户需求，尽最大可能提供任何服务。当然，服务内容要视价格而定。您放心，肯定物有所值。

安全保障
承包从要人警卫到设施、设备、政府机构等安保工作。还可以提供相关咨询，开设相关的讲座。

人员培训
从基础开始培训军警，甚至涵盖反恐训练、特种部队训练科目，而且还可以提供相应的设施与人员。

兵站
除了衣食住行，只要是军队需要的物资和补给，包括坦克和飞机的保养都可以提供。

情报工作
使用各种电子设备进行情报收集并提供给客户。还可以替客户制定反间谍战略，或者直接参与反间谍工作。

▶ PMC 的 CEO

主要业务有 4 大块。

【私人军事承包商】Private Military Company

2005 年 5 月，在伊拉克和哈特安全公司签约并为其工作的前法国外籍军团的日籍人员斋藤昭彦丧生。当时日本极少有人听说过私人军事承包商，经过这件事情才走进公众视野。

等，一切与军事相关的业务都不在话下。甚至有些会毫不犹豫地参与战斗行动。

此外，PMC 和以美国为首的各国军队签订了外包合同，从兵器保养到物资采购、运输、管理等，都能外包出去。这些原本是军队支出的大头，通过外包给 PMC 可以大幅削减成本。

私人军事承包商就是专门承包战争或者军队相关业务的公司，他们的服务对象包括私人、企业、军队、国家等一切人物和团体。

Private Military Company

CHAPTER 5 — 04. 私人军事承包商（3）

私人军事承包商的安全保障业务

私人军事承包商的规模大小不一，大多数是参与安全保障服务业务的公司。简而言之，安全保障业务大体可以分成几大类：①要人警卫；②从企业设施及工厂到政府部门的警备工作；③飞机、船舶以及乘员、旅客的安全保障，物资运输等交通工具方面的警备工作；④大企业高管、政府官员、在政治局势不稳定地区工作的私企员工等人员的反绑架以及遭受绑架后的解救谈判业务；⑤解救人质；⑥安保顾问；

私人军事承包商主要有哪些客户呢？

私人军事承包商的业务种类繁多，客户包括国家、企业甚至恐怖分子。可以说是五花八门。从根本上来说，私人军事承包商是营利性企业，只要有收益就会给客户提供服务，这些客户要有以下几类。

① 强国客户：如美国这样的国家，为了削减成本而把军事业务外包给私人军事承包商。
② 企业：容易成为犯罪对象的企业会提出安全需求。在全球展开业务的企业所有的设施、装备的警卫工作，以及员工的人身安全等。此外，为了保护企业利益，有时会要求出动军队。
③ 弱国客户：位于动荡地区的国家需要安全维持服务，或者该国的警察和执法机关人员有培训需求。
④ 叛军：打算颠覆当前政权的势力或团体，需要获取武器及军事训练服务。
⑤ 民间人士、民间团体：为防范恐怖分子及犯罪分子，或者避免被卷入相关斗争，需要安全咨询等服务。
⑥ 国际团体、人道主义支援团体等：在冲突地区开展活动的团体（如医疗团体、人道救援团体、义工团体等）在工作时需要安全警备服务。

> 敌袭！

> 只要在国际法允许的范围之内，只要有利润就是我重要的客户！

私人军事承包商给合同工支付的报酬有多少？

各个公司待遇不同，很难一概而论，如贴身保镖（PSD⊖）的日薪：高级雇员（负责人）750 美金，中级雇员 600 美金，低级雇员 450~500 美金（非勤务日为 150 美金/日）。当然，作为雇员拿着高价日薪只能算一口价，大多数情况下没有其他福利。

⊖ PSD：Protective Security Details 的首字母缩写。

【私人军事承包商】Private Military Company

⑦给容易成为恐怖分子劫持、骚扰等犯罪对象的职业者提供训练等。

Private Military Company

▲ 在曾经发生战争的国家进行重建支援也是私人军事承包商的工作之一。重建工作包括基础设施的建设、排雷排弹和培训相关技术人员等，他们在伊拉克及阿富汗代替军方完成了这些工作。

【业务1】安全保障 在犯罪形式多样化且频繁发生的这个时代这一板块的业务是最大的需求。

① 要人警卫
② 设施、设备、政府机构的警备
③ 交通、运输机关的警备
④ 反绑架、人质解救谈判
⑤ 解救人质
⑥ 安保顾问
⑦ 高危从业人员的训练

"低头！赶紧上车！马上！"
"你别推我啊！"
"救命啊！"
"人质还活着？"
"叫人质接电话。"

第5章 私人军事承包商 209

CHAPTER 5
05. 私人军事承包商（4）

私人军事承包商能参与军事行动吗？

私人军事承包商最擅长的工作是人才培训。①军警基础培训：战争结束后在当地对新创建军队的士兵进行军事培训，以及对新设立的警察机构的人员进行警官教育等业务。②军队及警察干部培训：为未来组织中的骨干进行业务培训。一些私人军事承包商与私立大学合作，开设培养警备及危机管理人才的专业课程。③特种技能培训：反坦克炮、地空导弹等兵器系统的操作方法，飞行员教育训练、特种部队人员教育训练等，这些本来应该是由军方开展的特种技能训练工作，在一些私人军事承包商在公司场地内设立训练中心，规模化地开展训练。

④军事顾问：尤其是为发展中国家和冲突国的军队进行训练、提供作战建议等。甚至监督受训士兵参战并取得战果也是其中一项业务。

私人军事承包商的临时雇员们不直接参与军事行动，可事实上雇员们直接参战的现象经常发生。在阿富汗就发生过私人军事承包商的临时雇员带领自己培训过的警官追踪塔利班人员。近年来，私人军事承包商业务规模越来越大，他们在表面上极力避免直接涉及军事行动。不过，以前就发生过许多刚创建的私人军事承包商抛开其他战斗部队，自己直接参与战斗的事情。

雇佣兵与私人军事承包商雇员有什么不同？

在把战争当作商机，无利不起早这一点上，雇佣兵和私人军事承包商别无二致。两者之间最大的不同点在于，雇佣兵在国际法层面属于违法，而私人军事承包商则合法。提到雇佣兵，人们就会想到 20 世纪 60 年代在加丹带领雇佣军作战的英军麦克·霍尔少校（插图），他基本上只和雇佣兵、退伍兵以及敢于冒险的人单独签订个人雇佣合同，为了自身的利益，不论非法还是合法的业务他都敢接。与此相反，私人军事承包商是公司法人，与顾客依法签订合同，根据合同行事。此外，雇佣兵和雇主的合同本身就是违法的，任何一方违背诺言都不会受到法律的惩罚。而私人军事承包商的合同则受到法律的保护，拒绝履行的那一方必然要为此负责。而且被雇佣的员工必须以公司利益为重，一切行动必须受到公司规则的限制。

私人军事承包商（5）

军队通过外包的方式压缩成本

军队之中最耗费资金的是兵站及管理，为保证各部门的运营，需要投入大量的人力、时间和费用。

但是，把这些业务都外包给私人企业的话，不仅可以大幅削减经费，也可以使军队将注意力集中到军事任务上。

目前，美军和英军等部队已经把绝大部分兵站及管理业务外包给私人军事承包商。其中规模最大的是哈里伯顿公司⊖的子公司克鲁格·布朗·鲁特（KBR）公司。

【业务3】兵站及管理

在美国，少了私人军事承包商的服务，军队几乎寸步难行的倾向越来越明显。

从物资运输到军事基地及跑道建设和运营，都由我们承包了。

①兵站
②补给
③保养

◀ 为战区运送物资的卡车司机大多是私人军事承包商的临时雇员。

⊖ 哈里伯顿公司：总部位于美国得克萨斯州的多国籍企业，前美国副总统切尼是其大股东，曾担任过该公司的最高经营责任者。

【私人军事承包商】Private Military Company

外包给私人军事承包商可以削减多少经费

对于军队来说，人工费占了经费的大头，为了维持一名士兵的战斗力，必须提供各种后勤服务，包括武器保养、战斗所需弹药的补给和修理以及餐饮服务，当士兵出现伤亡时，还会产生医疗及保险费用，等士兵退休后还要支付退休金。可以说为了维持一名士兵的战斗力，需要100名非战斗人员的支持。美军中有中等待遇的士兵（参军数年的老兵）年平均工资在3.4万美元左右，单纯计算来看，如果辅助人员也是军籍的话，维持一名士兵的战斗力一年需要340万美金。如果要维持一个1000人的部队就需要34亿美金。但是，如果将这些业务外包的话，所需经费将削减至一半，甚至三分之一左右。

私人军事承包商爆发式成长

如今，年销售额高达数百亿美元的私人军事承包商已经不下数家。此外，还有大型企业麾下的关联公司及小企业，再加上新进入这个领域的企业，真正的数字很难估计。为什么对私人军事承包商的需求会越来越大呢？

可以列举出以下几个理由：①随着冷战结束，原先的国际秩序难以为继。②各地反体制势力纷纷涌现，导致地方冲突加剧，再加上涉及资源和权力的争夺，使得一些地区的冲突白热化。③各地冲突严重，以大国或者联合国的力量无法应对。④冷战的结束导致大量军人失业，还产生了大量过剩武器，这些均流向了其他国家。⑤国际化导致国际性犯罪和恐怖事件增多。

最终，大国的正规军和联合国均无法插手的问题只能靠PMC解决，面对日益增长的对于安全保障的需求，私人军事承包商的涌现也就不足为奇了。更何况，在大量资金支持下，私人军事承包商在短短20年里就获得了长足的发展。

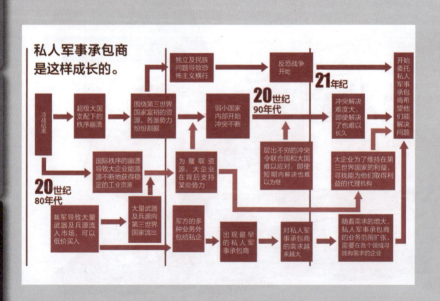